微课程与教师专业发展

苏文 编著

东北师范大学出版社

长 春

图书在版编目（CIP）数据

微课程与教师专业发展 / 苏文编著. — 长春：东
北师范大学出版社，2020.4
ISBN 978-7-5681-6836-6

Ⅰ．①微… Ⅱ．①苏… Ⅲ．①信息技术—应用—师资
培养—研究 Ⅳ．①G451.2-39

中国版本图书馆CIP数据核字（2020）第061075号

□策划创意：刘　鹏

□责任编辑：刘贝贝　张芙蓉　　□封面设计：姜　龙

□责任校对：刘彦妮　张小娅　　□责任印制：张允豪

东北师范大学出版社出版发行

长春净月经济开发区金宝街 118 号（邮政编码：130117）

电话：0431-84568115

网址：http：// www.nenup.com

北京言之凿文化发展有限公司设计部制版

廊坊市金朗印刷有限公司印装

廊坊市广阳区廊万路 18 号（邮编：065000）

2022年6月第1版　2022年6月第1次印刷

幅面尺寸：170mm×240mm　印张：15.25　字数：233千

定价：45.00元

编 委 会

不忘初心　方得始终

1996年7月，15岁的我，在与父亲的一次对话后，毅然决然地选择走进师范院校的大门。

1999年7月，师范大学毕业后，我顺利地回到母校——大同湖管理区总场小学任教。从此，登上三尺讲台，和教育结下了不解之缘。

2003年8月，不甘平庸的我，怀着对深圳这座城市的美好憧憬，揣着800元钱，踏上了南下的火车。感谢上天的眷顾，初次找工作的我，顺利通过面试进入龙岗区龙城小学任教。深圳"开拓创新、诚信守法、务实高效、团结奉献"的精神，深深地感染着我，使我如同雨后春笋一样，吮吸着养料，慢慢地站稳了脚跟。

时间荏苒，16年过去了，我在我的第二故乡——龙岗这片热土上，辛勤地耕耘，执着地追求，始终拥有积极向上的教育情怀。

和微课程结缘是在2011年12月25日。深圳冬天的阳光照在身上暖暖的，在深圳的一次教师培训课上，我有幸认识了李玉平老师。记得在培训过程中，李老师播放了一段视频，深深吸引了我，后来在与李老师的交流中，才知道这段视频叫微课程。

当时的微课程很简单，就是用PPT做成的，但很生动，很形象，声音画面感非常强，一下子就吸引了我。于是，我根据李老师的建议，也试着做了几个类似的微课程，受到李老师的表扬。2012年3月20日在南澳大酒店教坛新秀培训中，李老师播放了我当时做的微课程，并让我跟大伙聊聊做微课程的经历。我的发言一结束，下面掌声雷动，我的微课程大受欢迎。于是，我一发而不可收，不到半年时间，开发制作了近百集的PPT类微课程。此后，我多次参加李玉平老师组织的微课程培训、技术交流活动、游学活动等，对微课程的认识逐渐加深，微课程的设计制作技术水平也日渐提高。凭着对微课程的一腔热血，我在2013年10月成立了自己的微课程特色工作室。经过4年的研究、探索，特色工作室升级为名师工作室，现共有学员、成员40余人。

我学微课程，除了因为李玉平老师，还得说两个人，一个是雷斌，一个是曹志祥。

雷斌是龙岗区教师进修学校培训部主任，负责微课程在全区的研究、培训、开发工作。最初，正是雷斌老师成立微课程培训团队，才把我们几个从事微课程研究的核心成员组织在一起。可以说，雷老师是我们几个工作室主持人的领头羊。一路走来，雷老师一路相伴，亦师亦友。

曹志祥是教育部基础教育课程教材发展研究中心主任。曹主任是2012年8月14日我在天津做培训时认识的。当时我受《中国教师报》的邀请，在一次培训活动中介绍微课程，而曹主任作为嘉宾，简要地介绍了当下课程改革的形式。之前的我，对课程改革的认识不够，觉得课程改革没有从根本上帮助教师解决认识上和行动上的问题，使实践和研究脱节。而曹志祥主任的一席话，让我从本质上了解了为什么要课改，课改与教师专业发展的必要性。对我今后的教育教学产生了深厚的影响。

如果说李玉平老师是我成长道路上的引路人，那雷斌老师就是见证人，而曹志祥主任就如漆黑海面上的一盏灯，为我指明方向。

　　我想谈两个问题：微课制作中是技术重要，还是内容更重要？是不是所有的教师都应该来做微课？

　　先来谈第一个问题。在很长的一段时间里，我都非常专注微课技术层面的东西，时常会为了一个小动画、一个小技巧，三更半夜抓耳挠腮深深思索。经历了一段时间后，我觉得技术不是我们应该研究的东西，微课当中，应该有比技术更为重要的东西，就是内容设计，说简单一点，就是微课展示出来的教学内容。微课好不好，有没有人看，看完后能不能达到预期的目的，我觉得内容设计非常重要。打个简单的比方，同样一节课，分别让两个不同的教师来执教，效果肯定不同，因为两个教师的设计不同。当然，好的内容设计也需要好的微课制作技术。所以，在微课的制作中，技术和设计都非常重要，俗话说"好马配好鞍"，讲的也就是这个道理。

　　第二个问题，是不是所有的教师都要来做微课？微课是当今教育教学中非常流行的教学方式，全国各地都在进行微课的学习、培训。但回到教育本质上来说，微课只是一个教学方式，跟课件一样，都是辅助教学的，是为教学服务的。所以并不是所有的教师都要会做微课，会不会做没关系，但一定要会使用。做微课，绝对是教师专业成长中的一条捷径。做一个好的微课，要求教师反复研读教材教参、查找教学资料、进行创意设计等，烦琐程度不亚于上一节公开课。另外，如果想做一个微课系列，那就更得研究课程背景、课程计划、教材前后联系、教学内容在课程体系中的位置等。这是一个大的系统工程，也是全面学习的一个过程。

谨以此书献给工作室的所有研究伙伴们——一路有你们，一路精彩！

同时，谨以此书献给所有怀有梦想的教师们——只要你坚持不懈地做一件事，哪怕是件微不足道的小事，做到极致就会成功！

前言

第一章　苏文名师工作室成立

第二章　《微课程设计与开发》课程体系

第三章　专业化成长

第四章　培训成功案例纪实

第五章　优秀微课程作品赏析

第一章

苏文名师工作室成立

苏文名师工作室发展规划和建设目标

一、发展规划

苏文名师工作室发展周期为三年，以"学科"微课程的研究为载体，以开发、制作、培训作为本工作室的中心工作，致力研究微课程在教学中的有效运用。

充分发挥成员的个体优势，努力打造一支集课程制作、开发、培训为一体的优质团队，努力培养优秀的微课程制作师、优秀的微课程培训师。

二、建设目标

以先进的教育理念为先导，以先进的技术手段为支撑，寻求解决教育教学中存在问题的对策；以微课程的方式传播先进的教育思想、课程理念、教学方法，以培养青年教师为基本任务，促进教师专业成长。

经过三年的工作周期，努力将本工作室打造成特色品牌工作室。使本工作室成员实现课堂教学出精品，课题研究出成果。发挥他们在本学科中的示范、辐射和带头作用，力争形成名优群体效应。

加强微课程在实际教学工作中的运用，探索微课程与教学相结合的新路子。

苏文名师工作室管理制度

一、会议制度

1. 每月第一个周二下午召开一次工作室工作例会，讨论安排本月工作室计划。

2. 每个月组织1~2次网络学习和研讨，展示学员微课程制作成果。

3. 每学期召开一次总结会议，总结经验，探讨存在的问题。

二、工作制度

1. 工作室主持人与工作室每个成员签订《工作室成员工作协议书》。

2. 工作室主持人为工作室成员制订具体进步计划，安排培训内容。

3. 工作室成员必须参加工作室布置的培训工作，每学期的出勤率不低于80%（包含网络研讨活动和成员研讨会等）；按时完成工作室的学习、研究任务，并有相应的成果呈现；按规定上交微课程，努力实现培养计划所确定的目标。

三、经费制度

1. 工作室发展经费由区进修学校统一拨付，定期公布明细。

2. 工作室成员活动经费自筹，由财务处统一管理。财务处定期公布明细。

四、奖惩制度

1. 工作室设立"优秀制作师""优秀培训师""活动积极分子"等奖项，并于每学期末以民主投票方式评出。

2. 每学期末对成员进行考核，对于不求进取或因工作繁忙等导致不能参与工作室活动及保质保量完成工作室任务的成员劝退。

3. 工作室在成员不足时，会吸纳其他学员中表现优秀的学员成为准工作室成员。其他学员是指工作室成员以外的其他愿意参与工作室学习并承担任务的老师。

4. 每位工作室成员可以和其他学员组建自己的小组，成员为组长，根据工作室安排完成学习和课程开发任务。

苏文名师工作室成员工作协议书

甲方：工作室主持人

乙方：工作室成员

双方本着工作室顺利开展工作并良性发展的原则，签订以下协议。

甲方责任与义务：

1. 按工作规划要求为乙方提供所需培训、学习和研讨活动。

2. 定期对乙方进行考核评定，对优秀成员予以奖励，对不合格者劝退。

3. 给予乙方各种培训锻炼机会。

4. 对乙方违反工作室制度的行为进行劝解。

5. 若乙方有损害工作室整体形象及破坏工作室成员团结的行为，则可单方面解除协议。

乙方责任与义务：

1. 自觉遵守工作室管理制度。

2. 积极参与工作室活动，认真完成工作室布置的任务。

3. 与工作室各成员和谐共处、精诚合作，避免有不利于工作室团结和发展的言行。

4. 不能按时参加工作室活动或完成工作室任务时，应做出合理解释。

5. 如因自身原因无法胜任工作室安排的工作，可以向甲方提出解除协议。

以上协议，双方均愿意自觉遵守。

甲方：　　　　　　　　　　　　　乙方：

年　月　日　　　　　　　　　　　年　月　日

苏文名师工作室成立

为了加强名师工作室的建设管理及专业指导，确保工作室各项活动的顺利开展，更好地培养名师，2017年3月3日，在龙城小学举行隆重的苏文名师工作室揭牌仪式。

出席此次揭牌仪式活动的有华南师范大学基础教育培训与研究副院长、广东中小学教师培训中心副主任黄牧航教授，深圳市龙岗区教育局叶德卫副局长，深圳市龙岗区教育局程悦安科长，深圳市龙岗区进修学校何兰副校长，深圳市龙岗区进修学校雷斌主任，深圳市龙岗区清林小学庄伟炎校长，还有工作室的全体成员。

揭牌仪式分为三部分：工作室会议、揭牌仪式、工作室培训。

工作室会议上，苏文老师介绍了本工作室的发展规划及建设目标、工作室成员分工及职责、研修计划等内容。苏文老师表示要充分发挥成员的个体优势，努力打造一支集课程制作、开发、培训为一体的优质团队，努力为龙岗培养优秀的微课程制作师、优秀的微课程培训师。

在揭牌仪式上黄锦城校长致辞，对各位领导、专家的到来表示热烈的欢迎，并指出学校的发展离不开各位名师的付出。区教育局副局长叶德卫、区进修学校副校长何兰、专家黄牧航教授、主持人代表吴向东老师、成员学员代表黄金贤副校长、庄伟炎校长依次发言，对龙城小学取得的成绩给予高度的赞扬，对教育者的教育情怀表示深深的敬意，对工作室的成立表示衷心祝贺，并对工作室的发展提出了恳切的希望和建议。在热烈的掌声中名校长、名师、名班主任工作室揭牌仪式顺利完成。

最后黄牧航教授以"名师发展与成长"为主题对工作室的成员、学员进行培训。在培训中，黄牧航教授分享了他在台湾取得的教研成果，提出了社会行动取向的校本课程设计方案。

　　我们相信在区教育局的高度重视与关怀下，在专家顾问的指导下，在苏文老师的扎实引领下，全体工作室成员、学员定会团结一心，撸起袖子加油干，让工作室蓬勃发展。

工作室成员、学员合影

第二章

《微课程设计与开发》
课程体系

【适用范围】

（1）区域工作室主持人、教研员、骨干教师、学科带头人、教师培训师。

（2）普通中小学教师。

【课程结构】

课程结构图，如图1所示。

图1 课程结构图

【课程设置】

（一）微课程设计与制作

1. 课程类别

通识类。

2. 课程目标

（1）掌握世界主流微课程及运用方式。

（2）掌握微课程制作软件（VideoShow、Camtasia Studio），制作学生微课程、教师微课程各两集。

（3）运用微课程开发中的西瓜籽技术、引导与追问技术、成果挖掘技术制作微课。

3. 课程内容

（1）微课程的发展与使用。

（2）微课程制作技术。

（3）学生微课程与教师微课程的设计。

（4）微课程在教师专业发展中的作用。

（5）开发制作"码课""码书"与构建微课程学习生态系统。

4. 建议学时

24学时。

（二）微课程制作基础

1. 课程类别

技术类。

2. 课程目标

（1）掌握微课程的分类。

（2）掌握微课程组成的5大因素。

（3）掌握用文字、图片、音乐等素材加工微课程的方法。

（4）掌握运用软件制作初级微课程的方法。

3. 课程内容

（1）介绍和欣赏微课程。

（2）微课程的简单分类（使用者角度、取材角度）。

（3）微课程的初级制作。

4. 建议学时

3学时。

（三）微课程脚本的编写

1. 课程类别

技术类。

2. 课程目标

（1）了解微课程脚本的分类。

（2）掌握微课程脚本的编写技巧。

（3）知道微课程脚本编写的注意事项。

（4）初步学会赏析微课程脚本。

（5）学会编写脚本，优化教育教学成果。

3. 课程内容

（1）微课程脚本编写的分类及其结构。

（2）微课程脚本案例赏析。

（3）编写简单的微课程脚本。

（4）编写微课程脚本的技巧和注意事项。

（5）用"AB案"研究方式编写微课程脚本。

4. 建议学时

3学时。

（四）微课程美化技术

1. 课程类别

技术类。

2. 课程目标

（1）掌握根据需要正确选择文字的大小、字体、色彩的方法。

（2）掌握图片一般及特殊处理的方法。

（3）掌握微课程背景、文字、图片排版布局的方法。

（4）掌握正确选择微课程背景音乐、动画及切换技术的方法。

3. 课程内容

（1）突出微课程关键字词的技巧。

（2）图片选取原则及美化技术。

（3）图文排版的五大原则。

（4）五种类型背景音乐的选择。

（5）动画及切换技巧和注意事项。

4. 建议学时

3学时。

（五）微课程制作之视频拍摄技术

1. 课程类别

技术类。

2. 课程目标

（1）熟悉视频拍摄设备。

（2）掌握拍摄时的用光技巧。

（3）掌握拍摄的构图技巧。

（4）掌握动态拍摄时必要的速度、角度等技巧。

（5）拍摄同时能录制清晰的声音。

3. 课程内容

（1）介绍各种常用拍摄设备。

（2）拍摄的用光及构图技巧。

（3）拍摄速度与角度对拍摄内容表达的影响。

（4）同期声音录制的注意事项。

4. 建议学时

3学时。

（六）微课程制作之视频编辑技术

1. 课程类别

技术类。

2. 课程目标

（1）掌握对视频片段进行各种剪辑和连接的方法。

（2）掌握添加并编辑字幕的方法。

（3）掌握对声音进行剪辑和处理的方法。

（4）掌握视频合成输出的方法。

3. 课程内容

（1）视频编辑软件介绍。

（2）微课程视频编辑时各元素的统一。

（3）视频、声音剪辑的技巧。

（4）视频输出的合理选择。

4. 建议学时

3学时。

（七）微课程制作之PPT制作技术

1. 课程类别

技术类。

2. 课程目标

（1）会比较微课程PPT与一般教学PPT课件的异同。

（2）学会对PPT中背景、文字、图片、音乐、视频进行编辑。

（3）学会设置动画效果、切换效果、音乐持续播放效果。

（4）学会将PPT转换为视频。

3. 课程内容

（1）比较微课程PPT与一般教学PPT课件的异同。

（2）PPT中背景、文字、图片、音乐、视频的添加及编辑。

（3）动画效果、切换效果、音乐持续播放效果设置的方法和技巧。

（4）PPT转换为视频的几种方式。

4. 建议学时

3学时。

（八）微课程制作之PPT美化技术

1. 课程类别

技术类。

2. 课程目标

（1）掌握根据需要设置PPT中文字格式的方法。

（2）掌握对PPT中背景、文字、图片进行统一排版的方法。

（3）掌握动画及切换技术。

（4）掌握正确选择PPT背景音乐的方法。

3. 课程内容

（1）突出关键字词的技巧。

（2）图片选取原则及美化技术。

（3）图文排版的五大原则。

（4）背景音乐的选择。

（5）动画切换技巧和注意事项。

4. 建议学时

3学时。

（九）微课程制作之录屏技术（上、下）

1. 课程类别

技术类。

2. 课程目标

（1）掌握根据微课程的需要合理选择录屏软件的方法。

（2）熟悉录屏软件的操作流程。

（3）掌握录制清晰、生动声音的方法。

（4）掌握简单的后期剪辑。

（5）掌握对视频输出进行合理选择的方法。

3. 课程内容

（1）各种录屏软件的特点。

（2）录屏软件的操作步骤。

（3）声音录制的注意事项。

（4）视频、声音的适当剪辑。

（5）视频输出方法与技巧。

4. 建议学时

6学时。

（十）手机微课程

1. 课程类别

技术类。

2. 课程目标

（1）掌握独立运用手机软件，如乐秀、小影，制作规范的微课程的方法。

（2）掌握手机微课程的十项设计技术并能在开发中运用。

（3）会区分手机微课程的八个应用场景，并能在实践中灵活运用。

3. 课程内容

（1）如何利用手机软件开发微课程。

（2）手机微课程的十项设计技术（如动静结合、故事情境、讲画同步等）。

（3）手机微课程的八个应用场景（如培优补差、行为规范、创设情境等）。

（4）手机微课程学习与应用云平台。

（5）开发制作"码课""码书"。

4. 建议学时

12学时。

（十一）录屏技术在微课程中的运用

1. 课程类别

运用类。

2. 课程目标

（1）掌握可汗学院和翻转课堂的大致含义。

（2）掌握微课的五种类型。

（3）掌握正确安装录屏软件、话筒、手写板等的方法。

（4）学会录制基于PPT的微课并能进行后期编辑。

3. 课程内容

（1）可汗学院及翻转课堂简介。

（2）微课的含义和特点。

（3）微课的分类。

（4）录制微课的方法和注意事项。

（5）手写板在录制中的合理使用。

4. 建议学时

3学时。

（十二）学科微课程的制作与运用

1. 课程类别

运用类。

2. 课程目标

（1）知道学科微课程的两大运用领域。

（2）知道至少5种学科微课程素材来源。

（3）尝试运用学科微课程的制作结构及技巧制作微课程。

（4）能找出至少3种学科微课程潜在问题并会进行风险预测。

3. 课程内容

（1）学科微课程的运用领域。

（2）学科微课程素材来源分析。

（3）制作结构及技巧。

（4）潜在问题及风险。

4. 建议学时

3学时。

（十三）学生微课程开发与运用

1. 课程类别

运用类。

2. 课程目标

（1）掌握学生微课程的分类名称及特点。

（2）掌握学生微课程的内容、素材、提纲及结构设计技术。

（3）学会运用设计技术和制作技术独立设计微课程。

3. 课程内容

（1）学生微课程的分类及特点。

（2）学生微课程的设计技术。

（3）学生微课程的制作技术。

4. 建议学时

3学时。

（十四）微课程的使用

1. 课程类别

运用类。

2. 课程目标

（1）学会在不同的教育场合中使用微课程。学会5种以上的使用途径。

（2）学会利用微课程助力教育教学工作。

（3）利用微课程研讨，学习"十字研究法"，拓展思维方式。

（4）学会使用微课程固化研究成果，使研究"草根化"。

3. 课程内容

（1）如何将微课程纳入研究系统。

（2）如何将微课程嵌入网络平台。

（3）如何利用微课程助力学科教学。

（4）如何利用微课程丰富学生管理工作。

（5）如何借助微课程加强家校合作。

4. 建议学时

3学时。

（十五）微课程在小学数学教学中的运用

1. 课程类别

运用类。

2. 课程目标

（1）了解微课程在数学教学中的应用。

（2）掌握微课程与数学教学有效整合的方法。

（3）掌握运用微课程丰富数学教研的方式。

（4）学会运用微课程梳理数学学科研究成果，逐步形成系列化。

（5）了解微课程在学科教学中的注意事项。

（6）了解微课程在学生学习、各类活动、成果呈现等方面的运用方法。

3. 课程内容

（1）微课程在数学教学中的运用。

（2）微课程在数学教学中的案例探究。

（3）微课程对教师个人学习成长的促进作用。

（4）如何将微课程运用于学科教研活动。

（5）如何将学科教研成果微课程化。

（6）梳理学科系列微课程。

4. 建议学时

3学时。

（十六）微课程赏析与点评

1. 课程类别

运用类。

2. 课程目标

（1）认识微课程的评价标准。

（2）学会运用评价标准，对微课程进行准确点评。

（3）学会利用软件对文字、图片、音乐进行基本加工处理。

（4）学会利用评价微课程的基本指标对课程进行二次创作。

3. 课程内容

（1）微课程的欣赏技巧。

（2）微课程的基本点评指标（从内容方面评价、从艺术角度评价、从技术角度评价）。

（3）如何创作一个好的微课程。

4. 建议学时

3学时。

第三章

专业化成长

一米阳光，点燃学生智慧的火花

——利用微课进行小学数学概念课教学技巧初探

深圳市龙岗区龙城小学　苏　文

一、利用微课合理选择学具，制造认知冲突，强化概念

在教学北师大版小学《数学》二年级下册《认识图形》的第一课时"认识角"时，我设计了这样一个微课：视频呈现卡通人物及吸管、绳子、圆形的纸片三种学具。要求学生任选其中的一种材料，制作一个角。

通过观看微课，学生在小组内开始了自我探索，用不同的学具做出了各种不同的角。紧接着，我让学生开始汇报：

指一指吸管做的角，角在哪里？

绳子做成的角呢？用钉子把顶点固定好，然后把两边拉直，用透明胶纸粘住。

折纸（圆形纸片）做成的角在哪？

教材中原本是用小棒摆一个角，我觉得教具略显简单，有一定的弊端，原因是：

小棒是直的，没有弯曲，不能代表所有的线。

两根小棒很容易形成一个顶点，容易忽视其他"顶点"的存在。

小棒普遍都是一样的长度，容易让学生误解角的两边都一样长。

基于以上思考，我选择吸管、绳子、圆形的纸片这三种材料让学生动手操作，原因如下。

吸管：不同的学生在对折吸管时，形成的角的两边不一样长，为后面教

学角的大小跟两边长短无关做铺垫。

绳子：用绳子做角，角的顶点不容易形成，边也容易弯曲。（在操作过程中各小组可能会存在差异。有的小组可能会摆出规范的角，有的可能会摆出不规范的角。此时，可引导学生观察讨论，对角形成正确的认知。）

圆形纸片：让学生思考曲线和直线能否形成一个角。（提出反例，为角的概念提出做伏笔。）

通过设计三种不同的学具，可以让学生产生认知冲突。什么样的"角"才是真正的角呢？学生在辨析中纠正错误的理解，加深对角的认识，最终形成角的定义——角是由一个顶点引出的由两条射线组成的图形，终生难忘。

二、利用微课合理设计情境，制造认知冲突，强化概念

在教学北师大版小学《数学》五年级下册"中位数和众数"这一课时，我用微课创设了这样一个情境：小灰灰和小伙伴玩射击游戏，爸爸灰太狼对小灰灰说："只要你的射击成绩达到你们小组（7人）的中上水平，我就带你去欢乐谷玩。"很快成绩出来了（见表1），小组平均成绩为85环（出示课件）。

我引导学生推测小灰灰要射中85环以上，才能达到中上水平。我接着出示小灰灰的成绩为87环，同学们高兴地发现小灰灰达到了中上水平。

表1 学生成绩表

成员	A	小灰灰	B	C	D	E	F
成绩	23	87	92	97	98	98	100

师：可是爸爸灰太狼想知道其他6名同学的成绩后再做定夺，我们一起来看看。（课件出示：7名同学的成绩为23、87、92、97、98、98、100）同学们，你们认为小灰灰达到中上水平了吗？（有的同学认为小灰灰是小组第6名，也就是倒数第二名，从排名的角度判断，他没有达到中上水平；也有的同学认为小灰灰比平均成绩高，达到了中上水平。）我引导两种观点相互争辩，并加入弱势阵营，进一步深化冲突。

接着引导学生从数据中发现：因为A同学只有23环，太低了，把小组平均成绩拉低了，因此小灰灰的成绩再和平均成绩比不太合适了。那么应该和哪

个数比更合适呢？学生们纷纷表示"跟中间的97比更合适（因为97分排在中间位置）"，从而引出了新的统计概念——中位数。

这样利用微课，在轻松有趣的卡通情境中，通过层层深入、环环相扣，激发学生在认知冲突中，主动探究，从而感受到极端数据对平均数的影响，了解了中位数的产生过程和引入中位数的必要性。不仅调动了学生学习的积极主动性，更有利于学生更好地理解中位数概念的形成过程。

三、利用微课合理安排实验，制造认知冲突，强化概念

在教学北师大版五年级下册《数学》第四单元"体积与容积"时，我安排了一组实验，并用微课呈现教师手中拿着两个烧杯（一个大、一个小）的片段。我分三个部分展示实验。

实验一：两个空烧杯对比。

师：想一想，哪个杯容积大？

生（异口同声）：大杯的容积大！

实验二：比容积。（大杯装很少的一点水，小杯装满水，大杯中的水明显比小杯中的水少。）

师：这时，哪个杯容积大？

生1：小杯的容积大，

生2：不对，还是大杯的容积大。

师：为什么？

（学生讨论，说理由。）

实验三：证明大杯容积大。

方法1：将大杯、小杯装满水，向大小相同的两个杯中倒水，看哪个杯装的水多。

方法2：将大杯装满的水向小杯中倒，看有没有溢出。

用以上三个实验，制造认知冲突，到底是大杯容积大，还是小杯容积大，引导学生再一次认识容积的概念——容器所能容纳物体的大小，叫作容器的容积。"容纳"是什么意思？要比较杯子容积的大小，要看杯子能装多少水，而不是看现在装了多少水。用实验，制造认知冲突，让学生进一步理解容积的概念。

这段实验活动的微课，让学生在观察杯子实物的同时，获得对于容积的感性认识，并逐步上升至理性认识，进而认识容积的概念，加深对容积的概念理解。

四、利用微课合理设计游戏，制造认知冲突，强化概念

在教学北师大版小学《数学》五年级下册"倒数"这一课时，我设计了这样一个游戏微课，分三个环节。

第一环节：

师："刚才，我们一起观看了小王同学的倒立表演，也知道 $\frac{3}{4}$ 与 $\frac{4}{3}$ 互为倒数关系，现在我们两人一组来做一个'你说我写'的游戏。甲同学任意说一个数，乙同学写出它的倒数。然后调换过来，乙同学任意说一个数，甲同学写出它的倒数。看哪个小组写得倒数最多。"这是个开放性的游戏环节，一下子将所有学生的学习情绪调动起来，每个学生都在出数字，写倒数，课堂气氛达到高潮。

第二环节：

"大家都能写出一个数的倒数，但是我感觉你们出的数太容易了，有没有出个数，对方写不出来的？"这个问题一出，学生便开始绞尽脑汁地思考，有什么数的倒数，对方写不出来。

学生都理解为倒数就是把这个数倒过来，但是很多数用"倒的方法"是解决不了，比如 $1\frac{3}{4}$ 的倒数不是 $1\frac{4}{3}$。

数学概念（定义）是小学生学习数学知识的一个非常重要的基础部分。概念既是性质、法则等的组成部分，又是进行数学判断的重要依据。从思维的角度来看，定义、判断、推理是思维的基本形式。而优化数学概念教学，则对提高学生学习数学的兴趣，发展学生的思维能力，培养"数学思想"有极其重要的作用。

在教学中，可根据《课标》（《全日制义务教育数学课程标准》2011年版）对概念教学的具体要求，针对学生实际和概念的具体特点制作微课，创造性地使用教材、优化概念教学设计、把握概念教学过程，使学生准确地理解和掌握概念，从而有效地提高数学教学质量。

初探微课在小学数学课堂教学中的应用

深圳市龙岗区龙城小学　王玮

随着现代信息技术的发展，教育教学方式更为多元化，微课作为一种新的教学手段开始出现在课堂教学中，并取得了一定的教学成效。与传统课堂教学相比，微课形式更为灵活，内容更为有趣，知识的针对性更强，特别是在小学数学教学中，若能科学合理地应用微课，可以有效地调动学生学习的主动性，提高学习效率。

一、微课概述

微课是新课改背景下出现的一种新的教学模式，以短小精悍之视频为主要表现形式，是一种灵活生动的教学方式。微课具有主题突出、针对性强、时间短、形象生动等鲜明的特点。一般而言，一节微课，即一段微视频的播放时间为5～10分钟，容量较小，学生可借助移动设备观看学习，还可以随时暂停和重播。作为一种新生事物，微课与构建主义学习理论关联度极高。该理论认为：学习是学生在自身经验基础上的建构，体现了学生学习的主动性和主体性；而微课是以视频的形式为学生构建的个性化学习平台，学生可以自由选择微课内容进行自主学习且学习的时间和方式由自己决定，这也在一定程度上调动了学生的学习主动性，凸显了其学习主体地位。在小学数学教学中应用微课，不仅可以帮助学生在自主学习中查漏补缺，还可以针对性地讲解知识点，以中拓展学生思维，促进学生更好地发展。

二、微课在小学数学中的教学效果和优势

1. 微课有利于激发学生的学习兴趣

只有学生对数学有了兴趣，才能主动自觉地去学习。教师利用微课激发学生的数学学习兴趣，需要把握使用微课的时机。对于课前预习类的微课，主要以引导和激发学生的兴趣为主。所以教师应该以简单的形式对知识点进行概括，让学生对所学内容有一定的初步理解，为教师的课堂教学做铺垫。微课能够通过色彩丰富的画面轻松抓住小学生的眼球，吸引他们的注意力，通过视觉和听觉的双重刺激，强化学生的记忆力，帮助学生将知识点记得更加牢固，进而有效提升学生课堂的学习效率。例如，教学北师大版《数学》五年级下册"扇形统计图"时，微课的课前预习内容要立足对扇形统计图内容的介绍，为学生播放扇形的相关图案及视频。扇形统计图是建立在扇形基础上的，呈现清晰度高且色彩丰富的图案吸引学生的观看欲望。例如，孔雀的尾巴、蛋糕等，可让学生明白通过扇形统计图可以表示数量和总数之间的基本关系，清楚地展示扇形统计图的优点。

2. 微课有利于提升学生的课堂听课效率

小学生年纪小，自控力有限，要想在一节课内完全吸引学生的注意力是非常困难的。微课的教学时间可控制在10分钟以内，能够较好地利用学生注意力发展特点，有效地吸引学生的注意力，提升教学质量，改善学生的听课效率。微课可以在短时间内帮助学生掌握教学的重点和难点，拓宽学生的学习范围，促进学生数学综合能力的提升。

三、利用微课优化小学数学教学的策略

1. 优化课前预习，实现高效导入

课前预习是学生进行自主学习的一个重要环节，特别是在小学数学教学中，学生进行课前预习可以对所学知识有一个初步认识，在课堂学习时便能及时把握教学的重难点，提高学习效率。但一直以来，小学数学课前预习都是以学生阅读课本为主，而课本内容多为文字及公式，对学生缺乏吸引力。同时学生自主学习毫无目的，致使预习效果不佳。将微课引入数学教学中，

利用其优化课前预习，可以让学生快速把握知识要点，为接下来的课堂教学打好基础。

以"同分母分数加减法"的教学为例，教师可以针对学生在预习中容易遇到的问题，如针对"分母不变分子相加减"这一理解难点问题，制作有针对性的微视频，让学生结合视频内容进行教材内容的同步预习。如此将会减少学生在预习过程中的阻碍，提高其预习效果。总之，利用微课来解决学生预习过程中的疑难点，可以帮助学生更好地完成预习任务，为教师高效导入新课打好基础。

2. 创设教学情境，促进自主探究

"影音图文一体化"是微课的一大优势，也契合小学生的思维特点和身心发展规律。微课形象生动、形式新颖，能够营造良好的课堂氛围。很多教师在课堂教学中都会利用微课创设教学情境，引入生活元素激发学生的学习积极性，在调动学生生活经验的基础上拓展其思维，培养其自主探究能力。以"四边形的认识"这一内容的教学为例，该部分的教学重点为让学生直观感知四边形，并结合其规律与特点精准辨认四边形。针对这一知识点的教学，教师可以利用微课生动地呈现学生生活中常见的各种图形，对学生形成直接的视觉冲击，吸引其注意力，然后再针对视频内容进行提问："在我们的生活中存在着各种图形，这给我们的生活带来便利。那么，你能指出视频中所呈现的图形哪些属于四边形吗？你是通过什么来判断的？"学生展开了热烈的讨论，不仅对视频中的图形进行了归类，还总结了四边形的特点：有四个角，有四条边……如此教学，有效促进学生的思考与探究，不仅培养了学生的问题意识，还提高了其自主解决问题的能力。

3. 丰富课下活动，有效拓展延伸

课堂教学若不与课下活动有效结合，实现由课堂向课外的延伸，那么教学的成效将大打折扣。毕竟，知识温故知新、且活学活用才能记得牢。课堂时间有限，教师不可能面面俱到地进行知识讲解，这就导致课堂教学难以照顾到每一位学生的学习需求。为帮助学生内化知识，加强知识记忆与掌握，有必要利用微课，组织丰富的课下活动，实现课堂教学的课外拓展延伸。如在讲授完"比例尺"的知识后，教师可以录制利用直尺测量图上距离的视

频，让学生课后观看，并要求其按照视频讲述的方法，计算上海到长沙的实际距离，加强对知识的理解。不难看出，在这一过程中，微课发挥了重要作用，实现了知识教学的课外延伸。总之，微课形式新颖、灵活生动，深受师生喜爱，并且应用广泛。作为一种新的教学方式，微课是对传统教学方式的有效补充，其在小学数学教学中的应用契合小学生的学习特点，丰富了数学课程的表现形式，为课堂注入活力。

四、合理利用微课进行小学数学教学的策略

小学生的注意力受很多因素影响，教师需要掌握小学生发展的基本特点。教师在制作和选择微课时，要立足小学生的个性发展特点，结合教材的教学要求，利用丰富便捷的网络资源制作富有吸引力的微课视频。教师要会把握使用微课的时机。例如，课前预习，要以引导性的微课为主，以激发学生的兴趣。可以简单的形式对数学知识点进行概括，为教师的课堂教学做铺垫；可通过色彩丰富的画面吸引小学生的眼球，在视觉和听觉的双重刺激下，强化学生的记忆力。

五、结 语

小学数学教师应加强微课应用方面的研究与探讨，总结经验、推陈出新，不断提高小学数学教学的质量和效率，促进学生的全面发展。

从"简"出发

——浅谈微课对教学的襄助

深圳市龙岗区龙城小学　谢元元

"复杂的问题要善于'退'，足够的'退'，'退'到最原始而不失去重要性的地方，是学好数学的一个诀窍。"是数学界泰斗华罗庚先生说过的一段话，也是笔者从教过程中，致力数学教学探索和研究的出发点，特于此处敬引作为题记。

微课程创始人李玉平老师在接受采访时谈道：在研讨解决开放式课堂带来的各类细节矛盾的过程中，核心的目标是"成果的简单化处理和成果的多样性传播"。这里的"简单"，不仅仅是意味着"用时少"，更意味着将复杂内容简单化、将简单内容趣味化。大道至简，微课程的核心目标，与简约教学目标可谓不谋而合。

一、微课引领，从"简"入繁，由浅及深

下面，我从一个课堂实录来展示从"简"入繁的魅力。内容：北师大版《数学》四年级上册第一单元《认识更大的数》。

本节课开始之前，我播放了一个两分钟的"大数的读法"微视频，是先分级后读数的两个实例，小结内容是读大数时0在不同位置时是否要读出来。

我让学生在复习本节课所需储备知识的基础上挑战：用3个6和2个0组成一个不读0的五位数。有了微课的复习作铺垫，学生马上回答："是66600。把0放在末尾，不用读。"

我追问："我们学习大数以后，一个数只有末尾的0不读吗？"

学生："不对，不仅个位，哪一级末尾的0都不读。"

再追问："那把0放到万位末尾呢？"

（学生把0挪到万级末尾。）

"一共只有5位数，把0放到万级，最高位就是0，那怎么行呢！"我说。

"我们知道万级末尾的0不读，亿级末尾的0也不读，而当0在最高位时不成立。那如果……"（拖长尾音，等待。）

学生兴奋地抢答："如果还多一个6！"

"对，如果前面还有一个6，那就可以把0放在万位了。"

挑战升级：让学生用4个6和2个0组成一个不读0的六位数。请学生到黑板挑战，写出满足题意的数。666600很快就被写出来了，紧接着是606660（学生开始应用"万级末尾0不读"）。

而且他们意识到，没有第三种可能了，因为最高位不可以是0，这说明把两个0放到万级末尾的情况不成立。

我们挑战的位数不断增加，一直尝试到12位数都很顺利。即使增加0的个数，学生也能按照0的位置和个数，条理清晰地写出符合题意的数。

本节课后，我让学生将这个方法讲给家长听，并录下来用来交流。不仅本班学生相互交流，深化所学，他们录制的微视频还被其他班学生用来巩固知识。微课在本节课中的形式非常灵活：出现在课堂伊始，帮助学生复习本节课所需的储备知识；用于课堂延展，帮助学生进行知识的深化与传递。从"简"入繁，由浅及深。数学是一门规律性很强的科学，而它的规律并非藏在金字塔的顶端，而是蕴含在金字塔的每一步台阶之中。而微课对于教学的襄助，就像攀登时的拐杖，让学生有力可借，从而走得更稳当、走得更长远。

二、微课示范，"简"纲捷端，本质优先

我们以北师大版《数学》三年级下册"租车"这一课为例进行分析。

学生和老师一共48人去春游，需要坐车。一辆大车能坐18人，每辆大车收费160元；一辆小车能坐12人，每辆小车收费120元。

这道题如果保持原始数据，会存在5种情况，难度相当大。所以我设计这

个课例的时候，在数据上进行了处理，把48人出行改成了30人出行。这样就减少为3种可能。

理清3种搭配后，我在课堂上插入一个微课视频，介绍表格填写的规范，即把数据整理到表格中时，要注意顺序性，做到不重不漏。有了标准，学生能顺利按照提示要求完成表格。

当存在5种可能性，且存在计算难度的情况下，学生关注方法、发现原理的时间和注意力会被分散。所以在数学教学中，我们要帮助学生减少旁枝末节的干扰，专注主干知识点，让本质凸显。而本节微课对教学的襄助就在于示范作用，可以让学生思路清晰地掌握表格的填写方法，避免干扰太多造成精力分散。

三、微课魔法，大道至"简"，化繁为"简"

"租车"这一案例，薛老师展示了另一种思路，引发我的思索。

学生和老师一共30人去春游，需要坐车。一辆大车坐18人，每辆大车收费160元。

因为只有一种选择，学生能快速地做出判断：要租2辆大车，花费320元。

另外还有一家租车店，一辆小车能坐12人，每辆小车收费120元。

请判断，哪一家更优惠？此时学生会对比：小车平均每人10元，大车平均每人不到10元，选择第一家的大车会更优惠一些。

这两家店的车可以自由搭配。一辆大车一辆小车共花费280元。

此种为最优惠的租车方法。

一次只在学生面前呈现一个条件，可以减少学生分析复杂数据产生的困扰，降低寻找对应关系的难度。这对于抽象逻辑思维处于初步发展阶段的小学生来说可操作性强多了。而我也意识到，学生将复杂的问题分解，变成一个个相互关联却各自独立的子问题，可以降低多重信息的干扰，是真正贴合孩子思维的化繁为"简"，比起仅从数据上降低难度，更具长远发展意义。

学生的逻辑思维需要不断延伸发展，因此我将一个有完整解题过程的微视频留给学生，将整道题整合串联起来，把"原题拆分"这一在课堂上由教师完成的环节重新加入，让学有余力的学生在微课的魔法棒下获得"将复杂问题拆分解决、再综合分析"的完整思维过程。

从"简"出发，正契合华罗庚先生所说的"退""退到最原始而不失去重要性的地方"。从"简"出发，符合薛老师所提倡的"简约教学"。从"简"出发，也贴切地表达着微课的核心理念：将复杂内容简单化、将简单内容趣味化。从"简"出发，其中的学问至深，值得我们在教学中不断探索、不断实践、不断反思。

如何用微课程打造简约高效的数学课堂

深圳市龙岗区龙城小学　吴家慧

随着课程改革的不断深入，我们要更加理性地深入观察、思考小学数学课堂教学现象。同时我们也不难发现，当前的小学数学课堂教学中还存在情境创设不恰当，课堂上太依赖课件，课件的使用华而不实，教学方式的选择不符合学生的发展特点，教学评价方式过于单一等问题。这样的数学课堂缺乏高效性，会让学生学得累，教师教得也不轻松。如何在教学中避免这些问题，构建简约高效的小学数学课堂，达到课堂教学的效益最大化，是我们教师追求的目标。只有构建简约高效的小学数学课堂，才能让减负真正落到实处，真正地减轻小学生的学习负担，才能让学生对数学学习感兴趣，享受学习数学的快乐。在数学课堂中结合微课程，可以让数学课堂更加高效。那么如何用微课程来打造简约高效的数学课堂呢？

一、用微课程引入教学情境——简洁真实

教学情境的创设是为了有效开展教学活动，因此教学情境应该是一个能让学生置身于其中的情境，而且简约的课堂讲求教学情境的简洁明了、直奔主题，避免学生在教学情境中流连忘返。用微课程引入的教学情境能将抽象、枯燥的数学知识形象化、趣味化，从而激发学生的学习兴趣，让学生有主动探究知识的欲望。

教学"除得尽吗"这节课时，我播放了一个学生都熟知的故事微课程：从前有座山，山里有座庙，庙里有个老和尚在给小和尚讲故事，讲的什么故

事呢？从前有座山，山里有座庙，庙里有个老和尚在给小和尚讲故事……学生的注意力一下子就被微课程给吸引过来了。"你会接着往下讲吗？"学生回答"会"，我就让一位学生接着往下讲故事。学生声音越来越小，而且一边讲一边在下面低声地笑了。于是我让学生停了下来，问学生在笑什么。学生回答这个故事讲不完。我问为什么讲不完。学生说："因为这个故事在不断地重复。"这一回答在我的预料之中，我顺势引出循环小数的学习。

这样用微课程来引入教学情境简单而且实用，遵循了学生的认知规律，每个学生都能参与到课堂中来。我又提出循环小数的学习，提出："只要是有数字不断重复出现就是循环小数吗？"这样的教学情境让学生带着问题学习，激发了学生的学习兴趣，为学生建构新知识打下了基础。

二、用微课程传授教学内容——简明充实

一节课的时间是有限的，如何在有限的时间让学生的学习效益最大化，是简约高效教学的目标。我们要实现高效数学课堂，平时应注重训练学生思维的广度与深度。而要训练学生的思维就必须要借助一定的教学内容。教师作为教学主体，就要善于开发和利用微课程资源，巧用微课程制作素材，做到一材多用，使教学内容在教学中发挥更大的作用。

"倍数与因数"这节课教学时，上课开始的时候播放的一个微课程是学生已经掌握的知识——乘法算式。通过教学积与乘数的关系，初步认识倍数与因数的关系，让学生明白倍数与因数是乘法算式中积与乘数的关系，两者是相互依存、缺一不可的关系。为满足不同学生的学习需求，我还播放了一个用除法算式来让学生理解倍数与因数的微课程，让学生进一步理解除法算式中的倍数与因数，即被除数是倍数，除数和商是因数。接着我又出示了一道乘数是小数的算式，引导学生思考"为什么乘数是小数的乘法算式中不能说倍数与因数的关系"。学生的思维从乘法算式，除法算式，乘数是小数的乘法算式的研究，转向对倍数与因数的研究。教学环节如此设计，让学生的思维在不断地深入，突破了教学难点，取得了较好的学习效果。

三、用微课程丰富教学过程——简化厚实

过程决定结果，细节决定成败。数学基本活动经验是过程、是经历。就智力和经验对学生学习概念的影响来看，经验的作用更大。学生往往不能按照定义来理解概念，更多的是按照先前眼睛看到积累在头脑中的经验来给所学的抽象概念加以编码。在教学过程中加入微课程是为了简约教学，使学生有充分的时间进行探索、交流。活动环节要注意层次性，每个环节活动不能流于形式。数学教学追求的是教学基础知识、基本技能、基本思想和基本活动经验的有效交融。在数学学习中，学习个体必须主动通过多种感官直接接触客观世界，不断地体验操作中获得的新经验。学生在动态的探索过程中去感知体验和自主建构，从而使"四基"目标整体实现。

教学"探究活动：平行四边形的面积"这节课前，我用微课程给学生布置作业问哪个餐厅更拥挤？微课程上出现的是甲餐厅和乙餐厅，形状是平行四边形。两家餐厅分别摆了7张桌子坐了49人（两组对边长度是6米和8米）和3张桌子坐了21人（两组对边长度是6米和4米）。因为是用微课程来出示的题目，形式跟以前的不一样，很多学生都独立计算了这两个房间的面积。班上的学生都是用6×8和6×4来计算平行四边形的面积的。上课的时候，我直接播放了微课程，用这道题来导入。学生由于都在这道题上出错了，对如何正确计算平行四边形面积很感兴趣。我让学生把准备好的平行四边形学具拿出来，让他们动手操作把这个平行四边形转化成已学过的平面图形。有学生马上找到了方法：沿着平行四边形的高剪三角形，把三角形平移到另一边，就把平行四边形转化成长方形。我对学生想到的这个方法表示肯定，接着问学生"只能这样剪吗"。有些学生说是，有些说不是。于是我让学生自己动手操作。学生动手操作，并推导了平行四边形的计算公式。在学生都推导出来平行四边形的面积计算公式后，我再用微课程播放平行四边形面积推导的过程，这样学生们对平行四边形面积的计算印象就更加深刻了。

在探究平行四边形面积的活动过程中，我因为利用了微课程，把更多的课堂时间留给了学生。学生通过观察比较、小组合作探究、验证、分析并得到了平行四边形的面积计算公式。这样的教学过程培养了学生有序推理、思

考的意识，积累了学生归纳推理数学问题的经验，让学生把思维和操作紧密结合，及时把动手操作上升为思维活动，最终促进学生数学思维的发展。

四、用微课程丰富教学评价——简明真诚

每个学生都有被肯定、被赏识的需要，教师的赏识和鼓励对学生来说有一种很大的激励作用。"立足过程、促进发展"的评价体系已经被大家认可。准确、合理、富有鼓励性的评价是提升学生正向情感的最佳通道，合理运用激励真诚的评价能激发学生的学习兴趣，还能使学生始终处于兴奋、主动的学习状态中。因此在教学过程中，教师一定要及时对学生给予肯定和鼓励。

教学"探究活动：三角形的面积"时，由于学生有了探究平行四边形面积的经验，在教学开始时，有位学生马上说"可以像推导平行四边形面积计算公式一样，把三角形转化成我们已经学过的图形来探究它的面积计算公式"。对于这位学生给出的建议，我马上说"太棒了，你会利用知识的迁移，给了我们启发，掌声响起来"，及时肯定了学生思维的广度。在学生推导出了三角形面积的计算公式后，我表扬道："你们真是好样的，对学习真有耐心，也很有毅力，老师佩服你们，为你们感到骄傲。"还有小组是把两个完全相同的三角形转化成长方形得到三角形面积的计算公式的。我说"你们真棒，不满足于其他小组的推导方法，而是观察思考，又有新的转化方法。"这样的课堂评价语言真诚朴实，既能打动学生的内心，又能激发学生的学习兴趣。我每个星期会把课堂上表现积极，进步快的学生用微课程展示给班级学生看。学生们为了能在老师的微课程上出现，平时上课都很积极，这样学生们学习数学的兴趣就会不断地提高。

用微课程来打造简约高效的数学课堂教学，既是一种思考方法、一种操作要领，又是一种教学理念、一种教学智慧。它一定会对学生的学习方式、思维方式产生深远的影响，对教师的教学方式、行为方式也有很大的导向作用。因此，教师必须不断探索、不断学习，努力用微课程来打造更适合学生发展的简约高效的课堂。

搭好解决问题的"脚手架"

——微课助力学生解决数学问题

深圳市龙岗区清林小学　许晓虹

　　教育是为人的发展服务的，数学教育就是为发展学生数学思维而服务的。

　　数学教科书内容呈现的规律性、问题设计的合理性、实际操作的有效性等，都是根据学生年龄的特点，循序渐进进行安排的。但是，对于一线教师来说，面临实际课堂教学，由于部分学生接受数学知识的水平和能力存在差异，必须重新思考、改变教学策略，采取灵活有效的教学活动，以便更好地提升教学效果，促进学生理解能力的进一步提高。而微课的设计与应用，成为课堂教学辅助学生学习的有效工具。

一、问题驱动，培养思维

　　小学数学教学用书中提到，把情境给学生，让学生提出问题，从这些问题中选取能够体现重要学习目标的问题，进行探究，交流分享，在分享中反思、提升。[1]

　　在课堂上，一个数学问题的呈现形式有很多种，什么样的方式最能激起学生的思考呢？答案就是"微课"。

1. 数学信息与问题联想

　　三年级开始学习混合运算，面对较多的文字与数字信息，学生总是比较犯愁。于是，我决定改变数学信息呈现的方式，设计"微课"，分情节呈现内容，让学生觉得题目不陌生，鼓励学生发挥"联想力"，自己联想出问题。

例题：

李叔叔带了100元，买了1袋大米，剩下的钱可以去买几包面条？（注：大米每袋64元、面条每包6元。）

放微课时，我只出示前面的数学信息——李叔叔带了100元，买了1袋大米。接着我把"问题"交给学生——"根据这些数学信息，你能知道什么？"

大部分学生会说能知道李叔叔还剩多少钱。通过这个思考过程，学生很自然地解决了第一步计算问题。

接着我用微课呈现："那剩下的钱，都去买面条，你还能知道什么？"很多学生又轻松地使用除法解决了买几包面条的问题。

这时，我再用"微课"把一个完整的问题情境呈现出来，这时学生就能清晰地了解，这是一个涉及两步计算的问题，可以分步计算，也可以用一个综合算式来解决。

虽然这个例题看起来似乎很简单，但有的学生面对稍多的数学信息，容易眉毛胡子一把抓，难以做到思路清晰。所以教师备课时，要评估学生的数学能力，适时引导学生的学习，必要时为学生搭个脚手架。

2. 相同信息，分层解决

解决问题是小学数学学习的重点、同时也是难点，学生对知识的掌握、理解情况是不一样的。小学数学专家薛石锋老师曾提出让不同层次的学生在课堂上体验成功。如何让不同学习水平的学生能同时有解决数学问题的成功体验呢？我设计了这个"微课"，给出必要的数学信息，然后让学生自由提问。

对于这个练习，我利用微课作为载体，只给学生提供数学信息，不呈现课本的数学问题。我的目的是让学生根据自己的学习能力，通过观察微课视频的信息去提出自己喜欢的、自己能解决的数学问题。提高自己学习数学的自信。

只对教学内容的呈现稍稍改变一点，却达到课本例题的学习效果，而且学生的学习积极性也变得更高了。

二、改编教材，创新教法

学生的学习水平的差异往往要我们有"以学定教"的反思，让我们以创新的视角去设计教学。

1. 转化思路，辅助教学

教师在教学新知识时，如果对教学的难点估计得不够，未能采取更为有效的应对策略就会造成学生学习错误率增高。在教学"里程表"这课时，我通过设计"微课"呈现了"化曲为直"的思想。

在三年级上册的"里程表"这一知识的教学中，往往数学教师教"里程表"时都比较为难，因为很多学生在内容理解时总是存在不少困难。于是，我思考如何把教学内容改变得让学生更容易接受和理解。于是在"里程表（一）"教学时，我灵机一动，在微课中用动态的方式呈现用"磁铁+绳子"制作火车里程表路线的过程（如图1）。

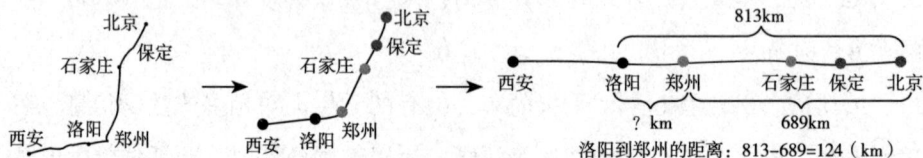

图1　动态呈现火车里程表制作过程

例题：

当学生通过微课看到"里程绳"一拉直，变成了一条直观的"线段图"时，学生的眼睛里流露出兴奋的光芒。

这种"化曲为直"的数学思想，让题中的数量关系变得更加直观、简单，学生的头脑也很快开启了解题的模式。尽管在课本里也出现了这种方法，但是在现场教学中，这种动态的教学往往可以给学生的感官带来刺激，更利于学生对数学模型的直观认知和理解突破。

教学需要智慧，教师在课堂教学中要关注学生所需，要站在学生理解的高度，用心去思考有效的教学方法和方式。

2. 化繁为简，突出方法

生活离不开数学，数学离不开生活；数学知识源于生活，最终又服务于生活。"里程表（二）"中的电表读数就是一个时间生活的例子。我利用微课呈现现实生活情境，意在让学生在充分体验中感受生活与数学的联系。

乐乐家的电表读数如下图2所示（单位：KW·h）。

改变前数据：	6月底	7月底	8月底	9月底	10月底	11月底	12月底
	430	545	640	730	825	920	998

改变后数据：	6月底	7月底	8月底	9月底	10月底	11月底	12月底
	100	130	200	300	350	380	400

10月份的用电量：350-300=50（KW·h）

下半年的用电量：400-100=300（KW·h）

图2 电表读数

例题：

本题虽然呈现了电表的具体读数，但由于表格的数据既多也杂，给学生理解"求每个月用电量"增加负担。于是，在微课中，我特意把数据稍做改变，把电表读数变得非常简单，让学生可以直接快速口算出来。

毕竟，这一堂课的主要任务是解决"某个月的用电量"或"下半年的用电量"的问题，而"计算"并不是这节课所要解决的问题。学会方法，遇到再复杂的数据也能应对，学习效率也会得到提高。

教学有法，教无定法，贵在得法。利用微课的方式辅助教学，也是为了给学生的数学学习搭个"脚手架"，更好地促进学生掌握数学学习方法。教学中，我们要根据学生的学情来确定教学目标。从学生最近发展区寻找切入点，把教材变成学生可以自己进行探究的学材，使学生能够自主发展，在有限的时间里使教学效益最大化。[2]基于此思想设计微课，能使微课更好地服务教学。

参考文献

[1] 赖德胜.数学教师教学用书［M］.北京：北京师范大学出版社，2015.

[2] 薛石锋.小学数学难点教学技巧与案例［M］.北京：中国林业出版社，2012.

陪蜗牛散步　伴骏马腾飞

——微课在小学数学小组合作教学中的应用

龙岗区横岗水晶城小学　刘雨峰

　　小学数学的学习不容忽视，这对小学生今后的学习及发展会产生重要的影响，小学生只有打好数学基础，才能在今后的学习中得心应手。为促使小学数学教学取得更好的效果，我采取了微课与小组合作学习相融合的教学方法，促进学生之间的交流，使学生在数学学习中更加积极主动。

一、小组合作教学中的几个片段与反思

片段一：

　　课堂上，教师请学生探讨两位数加一位数的进位加法。提问："你想出了什么计算方法和大家分享？"这时，频频举手、踊跃参与的只是班上一部分思维敏捷的学生，而一些学困生却愈加沉闷了。

片段二：

　　"七巧板"活动课上，教师要求四人一组，用七巧板合作完成一幅美丽的画面。活动开始了，教室里一下热闹起来，每个学生都抢着拼图。那些眼疾手快的学生占了优势，而另一部分学生逐渐游离活动之外。

片段三：

　　课堂之外，教师头昏脑涨批改完作业，把成绩在"标准"以下的学生请到办公室，针对难点"苦口婆心"讲解一番。半小时过去了，学生表情依旧茫然困惑。

人的发展是有差异性和多元性的，同一个班级的学生在学习方面，有的如"骏马"，有的如"蜗牛"。如何才能有效运用信息技术，改变传统的教学模式，使小组合作学习取得实际的成效？小组合作学习中存在以下问题期待解决：

1. 学习缺乏时效性

目前，小学数学小组合作学习中，教师仅仅是对学生进行简单分组，团队学习活动仅仅成为一种形式，小组合作学习因此并未取得实际的成效。

例如，在课前学生已备好了直尺、三角板、量角器、剪刀和三角形纸板数张。在教师引导学生经过猜想三角形内角和为180°后，要求学生用自己的方法去验证结论。学生兴趣浓厚，积极性非常高，只见学生剪剪、画画、拼拼，在合作学习中十分投入。过了一会儿，教师示意学生停止验证、探索，接着教师用多媒体课件演示教材上的拼剪方法并进行验证。

此过程中，教师打断了学生的合作学习，使学生的合作学习未得到实质上的成功实施。而且，教师依旧是课堂的主体，学生合作学习的成果并未得到展示，合作学习并未取得实际效果。

2. 对学生学习缺乏指导

小组合作学习的开展，使学生在数学学习中得到一定的自由。但是，有的班级学生人数较多，被分成多个小组，每个小组有很多学生，在小组合作学习开展过程中，学习活动的秩序难以得到维护，并且教师也无法照顾所有学生，学生在学习方式上过于自由，教师在学习方式上也未给予必要的指导。

3. 学生缺乏主动

小学生在小组合作学习中存在缺乏主动的问题，不利于小组合作学习活动的有效开展。例如，在小组合作学习时，有的学生不认真讨论，甚至谈论与学习无关的内容，影响课堂秩序。这主要是因为小学生缺乏自控，因此教师必须设法提高学生在合作学习中的主动性。

4. 学习中教师的参与较少

小组合作学习中，教师为体现学生在课堂上的主体地位，给予学生时间及空间上足够的自由，或为了培养学生学习的自主性，让学生分组自主完成一些学习任务。但是，教师却忽略自身的引导作用，在合作学习活动中缺乏参与，仅仅负责任务的布置以及课堂的总结。

5. 学习的时间有限

在数学教学中，教师不能将合作学习应用于每节课的教学中，并且合作学习活动在数学教学中占据的时间有限，导致学生在活动中十分匆忙，甚至有的任务根本无法完成。

二、微课与小组合作学习的融合

1. 课前准备

小组合作完成前置性作业，学生通过录制微视频完成对课堂知识点的自我梳理，很大程度缩小了学生因个体差异带来的学习差异。

通过观看微课视频，学生对知识点有了清晰的理解。教师在教学中并不是播放完微课便可以休息，而是要始终发挥主导作用，使教学始终遵循教学目标。

2. 课堂中的运用

运用微课视频呈现教学内容，微课的时间只有5~10分钟，因此内容须精挑细选。微课在小组合作学习中的运用时间是灵活的。低年级的学生在课堂中的注意力不容易集中，自我控制能力比较弱，教师可以灵活安排微课的时间，让数学课堂教学游刃有余。

3. 课后作业中的运用

教师或学生将制作的微课视频传到家长群，学困生可以利用微课自由复习知识点。小组成员之间也应加强交流、明确分工，扮演好各自的角色，完成各自的任务。成绩优秀的学生应起到带动的作用，帮助学习成绩差的学生克服学习中的困难，使其树立学习的信心。如此一来，小组中所有成员均能发挥作用，促使小组整体水平乃至班级整体水平提高。

三、总 结

在教学中，我们应该保持平静的心态，接纳、宽容每一个学生，同时要不断摸索新的教学模式。既要为"骏马"搭建腾飞的平台，也要为"蜗牛"撑起一方散步的晴空。

微课在小学数学课堂中的应用研究

深圳市龙岗区龙岗街道中心小学　杨淑锦

一、研究背景

人的有意注意的维持是有时间限制的，特别是小学低年级学生，课堂上有意注意的时间只能持续10分钟左右。微课的出现能很好地解决这一问题。微课具有灵活性、自主性、可重复性、短小精悍、主题突出、传播广泛、交互性强等特点。[1] 学生在课上错过的内容，或者是没有理解吸收的内容，都可以通过微课来弥补。微课除了能够延展课堂时间，还能够拓展课堂形式、发挥学生学习的主体性，因此具有很大的应用前景。

在本篇论文中，我选择了北师大版《数学》的一些课例进行探索，如三年级上册的"里程表"，四年级上册的"滴水实验""运算律"，四年级下册的"栽蒜苗"。

二、微课的应用模式

（一）学生观看微课

微课突破了传统课堂的局限，通过观看微课进行学习，学生学习的时间、地点变得更加多样。而微课在课前、课中、课后都有其应用的价值。

1. 微课应用于课前

预习是一种良好的学习习惯，既能培养学生自主学习的习惯和能力，又能提高学生独立思考问题的能力。若教师能够根据教学内容精心设计一个简明扼要的微课供学生预习，那么学生在预习的时候就能准确地把握重难点，进行自主学习与思考，把不懂的问题留到课堂上讨论和处理。这样既节约了课堂时间，又有效地扩展了课堂教学容量，增加了课堂中师生、生生的互动，有效地提高课堂效率。

2. 微课应用于课中

个性化学习是现代教育的重要特征，但是集体教学与个性化学习是目前传统课堂教学中客观存在的矛盾。微课的出现恰恰能解决这一矛盾，使个性化学习的普及成为可能。在课堂上，教师可以通过平板电脑在平台上发布供学生自由选择、任意组合的微课资源；学生则可根据自身需要，选择学习内容及程度，打破了"大家一起学"的常规模式，因而更适合以问题为导向的学习。

3. 微课应用于课后

以往学习成绩好的学生在课堂上基本也都是专心致志、反应快、学习效率高的学生。而那些反应较慢、接受能力稍微差的学生因为课上没学好，课后遇到困难得不到及时有效的帮助导致知识衔接不佳，在学习新内容时更加吃力，在如此重复演练和恶性循环下成绩越来越差。而现在，那些"吃不饱"但又有意愿学习的学生可以课后观看微课反复学习，直到把内容全部掌握为止。

还有一些课的内容对学生来说是较难理解的。如北师大版三年级上册"里程表"一课，当中的数量关系学生要经过不断的学习体会才能较好地掌握。四年级上册第四单元"运算律"中不同运算律的应用及乘法分配律的多种变式题，都需要学生反复练习巩固以达到熟练掌握。课堂上的时间有限，很难留给学生充分的时间反复演练，但有了微课，学生能根据自身情况在课后进行补充学习，保证把知识吃透。

（二）学生录制微课

除了观看微课来提高学习效果，学生自己录制微课也能很好地提高各方面的能力，获得成功的体验。

1. 参与数学活动，经历探究的过程

数学这门课程非常注重对学生科学探究能力的培养，微课可以作为信息获取、记录、整理、分析的探究工具供学生使用。[2]

如北师大版四年级上册"滴水实验"一课，教材的任务是通过设计滴水实验推算一个没拧紧的水龙头一年会浪费多少水。教师可以在课前让学生拍摄1分钟滴水实验的微课视频，在课堂上根据学生的微课展开讨论与交流。这样做能真正让学生经历滴水实验的过程，初步感受研究问题的基本方法，从数学的角度分析生活中的常见问题。北师大版四年级下册"栽蒜苗"一课，要求学生在课前至少半个月就开始经历"栽蒜苗"的实践活动，收集并记录蒜苗14天中每天的高度数据。这一课可以让学生每天拍摄蒜苗生长时期的状态并用卷尺记录其高度，然后将这些照片收集整理后制作成一节微课。等到学习这节课需要整理数据时，就在课堂上播放这一微课。这样的学习过程保证数据是完全真实的，学生无法弄虚作假，保证了每个学生都经历了这样的实验操作过程。

2. 录制习题讲解微课，加深学生对知识点的认识

小学数学中，习题对知识的掌握和巩固起着十分重要的作用。学生可以自己尝试录制微课加深对知识点的认识。比如，原本不会的题目但在老师讲解后好似理解了，其实过一段时间后很可能会对解题思路再次遗忘。如果能自己录制微课，那么一方面在录制时能够加深印象；另一方面，在之后遗忘时还能观看视频温故而知新。对于学有余力的优等生，也可以录制一些习题讲解的微课帮助一些学困生学习，起到帮扶的作用。

三、微课应用于小学数学课堂的几点建议

1. 将微课整合成微课程

微课的特点是短小精悍，但这也说明一节微课的内容较少，知识点较单一。如果能把知识点相关的一系列微课进行整合，逐步形成连贯的、完整的微课程，那么学生学习得会更加系统全面，制作好的微课资源也能更好地被利用。

2. 以学生学习为出发点

微课是促进学生自主学习的载体，因此，教师在制作微课时，不是站在教师"教"的立场，而是应该以学生学习为出发点。把养成学生良好的思考习惯和提升学生思维能力作为微课的核心目标之一，使学生在恰当的情境

中能集中精力观看，体会和思考微课所呈现的内容，进而养成良好的思考习惯，提升思维能力。

四、总 结

关于微课在小学数学课堂中的应用研究，目前还处于探索阶段，尚有许多问题值得思考。我将在这条路上不断努力实践，让课堂教学绽放光彩！

参考文献

［1］谢贵兰.慕课、翻转课堂、微课及微视频的五大关系辨析［J］.教育科学，2015，31（5）：43-46.

［2］李葆萍.平板电脑在小学"1∶1"教学中的应用与反思［J］.中国电化教育，2013（11）：105-110.

让微课服务教学 放手收获惊喜

——浅谈如何将微课应用于数学教学

深圳市龙岗区信德学校 苏泽萍

《全日制义务教育数学课程标准》（2011年版）指出："信息技术能向学生提供并展示多种类型的资料，包括文字、声音、图像等，并能被灵活选择与呈现；可以创设、模拟多种与教学内容适应的情境；能为学生从事数学探究提供重要的工具；可以使得相距千里的个体展开面对面交流。信息技术是从根本上改变数学学习方式的重要途径之一，必须充分加以应用。"微课正是在这样的时代背景下应运而生的。简短的5~10分钟，要讲清一个知识点、一道题，需要教师提前做好的准备可不少，但改变了学生的学习方式，打破了空间和时间的界限，让学生想学就能随时学。本人结合自己在教学中利用微课的一点点感悟，浅谈如何将微课应用于教学，收获学生的进步。

一、巧用微课，除疑解惑

随着学习难度的加深，数学学习对学生提出的要求更高，慢慢地，就有部分学生掉队了。如何解决这部分学生的学习问题呢？微课无疑就是最好的小帮手，利用好它，可以帮助学生解惑。比如，在学习"数学好玩"中如何根据已知条件，找出最优、最省钱的租车方案时，学生难以理解从哪里入手，怎么一步一步算出大车数量、小车数量。对于这类应用题一节课能讲的内容也很少，部分理解能力稍弱的学生可能上课时候懂了，但是由于强化的量不够，到了晚上独自完成作业时又不知如何解答了。因此，这样的课，我采用课上微课+课后微课的形式帮助学生理解。我把题目中的条件变成微课中的一部分，把问题一个个分解，先呈现大车和小车的已知信息，让学生通过列式对比，得知每人坐大车、小车分别花的钱，知道坐大车比较便宜。接着再呈现题目其他的信息，学生一步步解决问题，我适时点拨，最终算出最优方案。本是枯燥的计算，但是辅以微课，提高了学生学习的兴趣。课后我再把本节课的题放到群里，在家独自完成的学生便可以直接打开视频重温，解除自己的疑惑。此外，平时我还会把练习册里学生错误较多的题目录制成微课，共享给家长，有需要的学生可以点开视频再次学习，减轻了家长的压力。

二、善用微课，提高学习热情

微课是一种新型的教学资源，有别于传统单一的教学资源。因此，将微课带入课堂，能够更好地提高学生的学习热情。例如，在教学北师大版教材中的学习内容"小明的一天"时，我制作了微课，创设了"喜羊羊村里的一天"，引导学生在熟悉的情境中，读出不同时刻羊儿们的不同活动。本节课的目标是学生学会读出钟面上的时刻。对于低年级学生来说，很难体会到钟面上时针和分针是同时走动的。为了突破这一难点，我将教材上的钟面化静为动，让指针"动"起来，让学生先观察钟面的变化，自主发现，说出特点，直观地体会当分针动的时候，时针也在动，只不过比较慢。这一点，对于三年级学生继续学习时间会有很大帮助。整节课，我以喜羊羊村故事为载体，动态展示钟面，让学生边学习边挑战。在微课中我设置了不同的时刻，从六时整开始，让学生读出钟面上显示的时刻，学会读整时、半时，让学生感受分针、时针都是按什么方向旋转的。

在课堂上利用微课，要符合小学生的认知特点，把教学内容变成生动有趣的动画，学生能更直观地感受，也会掌握得更加牢固，既提高了学生的学习热情，让一些生活事实直白、生动，又减轻了教师的负担，何乐而不为呢？

三、妙用微课，自主学习我最行

微课，虽然"微"，但又算是"课"，自然就对制作者提出了很高的要求，要在很短的时间内清晰地讲完一个知识点、一道题。如果学生能通过这短短几分钟，学会相关知识点，想必也会有满满的成就感。我至今还记得第一次在班上播放微课视频时的情景，全班学生都屏足气认真观看，看完之后各自安静地做相应的题目。有些时候，放手让学生自己学，效果可能会更好。

带着这样的思考，我在教学量角、画已知直线的垂线、平行线时，布置了视频作业，让学生回家录制几分钟的视频，边画边讲解步骤，相当于向别人讲解如何画。同时也有意识地让部分较熟练的学生先完成后上传到群里，这样可以让不熟练的学生通过观看别人的作品，进行学习模仿。让学生制作微课也是一个锻炼其语言表达能力的过程。通过老师的点评，学生知道了自己的长处与不足，也更乐于向大家展示自己。妙用微课，能够补充课堂教学的不足，也能让学生展示自我、发展自我。

此外，在跟学校其他老师进行小课题研究时，我也发现了妙用微课的好处——能让学生实现自主学习。课题研究的是如何提高学生的审题能力，在平时的教学中，想必大家都有这样的感受，每节课都强调做题要点，但很难实现全部学生都按照要求做。但每次请学生上台讲题，却发现班上学生更爱听、乐听。因此，我邀请了班里语言组织能力较好的学生讲题，把他们的做题过程录下来，再由我进行后期编辑，做成微课，发布到班级群。对于一些练习册上的难题，我也选择用这种方式，由学生来说看到题目要进行怎样的解读、怎么找到题目中的关键词，并且在题目旁适当地批注，让学生讲做题时画草图解题更简便，其他学生更愿意听、也愿意去模仿这样的方式，或许这就是榜样的力量吧。慢慢地，班上学生越来越能按要求认真审题了，像之前学生看题之后就迫不及待地完成题目的情况也越来越少了。由学生带动学生，用新的方式替代旧的方式，我看到了新的教学方式带来的好处，也看到了信息技术服务于教学的力量。微课真不赖！

把新的信息技术手段应用于教学，让教学实践实现变革，让教师在变革中边实践边思考改进，这是新时代对教师提出的要求。作为教师，我们更应该抓住这样的契机提升自己的能力。感谢与微课程的相遇，让我明白用好微课的重要性，同时也提醒自己多放手让学生去试，才能收获教学上的更多惊喜！

浅谈微课在初中数学教学中的应用策略

深圳大学师范学院附属坂田学校　肖　露

信息技术在人们的生活、工作和学习中有着非常广泛的应用，微课便是信息技术在教育领域中的应用。微课是微型视频网络课程，主要针对某个重点、难点知识点，是反映课堂中某个教学环节、教学主题的教与学活动。微课具有时间短，内容精练，可以直观地将知识点呈现给学生的特点。

微课的出现不仅改变了传统的数学教学方式，将抽象的数学知识变得更加形象，并且还激发了学生的学习兴趣，从而提高了课堂的教学效率。在信息技术环境下新型教学手段与传统的教学手段碰撞，这就要求教师转变教学观念，创新教学方法，加强微课在初中数学教学过程中的应用。[1] 利用微课在教学中的优势，可以让学生的数学思想更加丰富，提高学生在课堂上的学习效率。

微课对初中数学教学的作用有以下几点：

1. 共享优质的教学资源，提供更全面的学习

微课是我们国家教育领域的一大研究热点，自胡铁生发表第一篇与微课有关的文章后，微课的制作和使用得到了广大教师的支持，这使得微课能够迅猛发展。在网络上有很多优质的微课，教师可以根据教学需要自己制作微课或者在网上寻找合适的微课帮助学生学习知识点。微课主要以视频的形式出现，它的时长一般为5~8分钟，具有短小精悍的特点。在传统的教学模式下，学生的学习都是在固定的地点和固定的时间，错过了这个时间和地点就错过了这个知识。

但是利用微课可以打破时间和空间的限制，可以将知识实现跨空间的网络传播。如果学生因事请假或者在课堂上对某个知识点掌握得不够好，教师可以将相应的微课发给学生，让学生利用课余时间自主学习，这更能满足学生的学习需求，有助于学生更加全面地学习。[2]

2. 激发学生的学习兴趣，培养学生的学习能力

数学是一门严谨，逻辑性较强的学科，初中数学有部分内容对学生来说比较抽象，受思维发展的局限性，有些学生在学习过程中会出现吃力的情况，因此他们很难在学习的过程中建立比较形象的模型来提高他们对知识点的理解，从而使得一些学生对数学学习的积极性变低，课堂学习效率不高。因此教师在讲解一些较抽象的数学知识时，采用传统的教学方式难以让学生脑海中形成知识。而微课的内容丰富多彩，可根据实际的教学内容需要，呈现大量颜色鲜艳的图片，3D的动画模型，有趣的知识情境，悦耳的声音，让学生在课堂上枯燥的数学学习中有了视觉和听觉上的全新感受，从而唤起学生学习数学的兴趣。

由于实际教学因素的影响，我们在课堂中难以给学生提供一个开放性的自主学习的环境，学生在课堂上的学习方式比较单一，影响了学生学习能力的培养。而微课给学生提供了一个更加丰富的学习平台，学生在课余时间可以选择适合自己的资源自主学习，主动思考，增强了学习的信心，培养了学生的数学思维能力，丰富了学生的数学知识，拓宽了学生的知识面。

3. 满足学生的学习需求，使课堂教学更加有效

在实际教学中，学生由于智力水平，学习习惯和学习态度等有所不同，他们对知识点的理解程度也不同，有的学生可以快速地理解和掌握老师所讲的内容，而有些学生需要反复学习才能理解。如果教师在课堂上反复讲解相同的知识点就使得课堂上的教学内容偏少，并且使得部分基础较好的学生对课堂内容失去兴趣。微课的出现为学习能力较差的学生提供了方便，由于微课是以视频的形式呈现出来，因此教学内容可以学生自己实际的学习需要进行暂停或者反复播放，直到学生学懂为止。

在学习新的数学内容时教师可以利用微课，在练习课中也可以用微课来提高学生的学习效率。例如每次上习题课或练习讲解课，优等生可能就只需要听一两个题的讲解就掌握了，后进生则可能需要每个题都讲解。在传统的练习课中教师都是讲解错得比较多的题，这样不能满足每个学生的需求，而将习题的讲解制作成微课，可以让学生自己选择需要讲解的题，能够使得课堂更加有效。[3]

根据微课在数学教学中的重要作用，笔者提出了以下策略帮助教师更好地开展数学教学活动。

1. 根据每节课的数学内容以及学生的实际需要制作、使用微课

微课虽然具有非常多的优点，但并不是每个内容，每节课都需要用到微课。而且微课的设计与制作是一项完整严谨的工作，不同的数学教学内容有不同的知识重难点，每个学生对知识的实际需求也不相同，教师在制作微课前需要根据教学内容以及学生的实际需要合理选择微课的内容。因此要求教师在备课的时候认真研读本节课的教材以及教师参考书，确定好本节课的知识重难点，设计好本节课的教学思路，再思考需不需要制作微课帮助学生学习。

例如在北师大版七年级上册第二章《有理数及其运算》中"有理数"这一节课的内容，笔者不建议教师用微课进行新课的讲授。因为学生在小学的时候就已经接触了有理数，在实际课堂上教师直接引导学生对有理数的概念进行归纳总结就能达到教学目标。而教师在教北师大版七年级上册第一章《丰富的图形世界》的时候，笔者建议教师使用微课帮助学生对知识进行理解和掌握。这一章的内容绝大部分需要学生的空间想象能力，在实际教学中由于各种因素的限制不能通过实际操作让学生获得直观的感知，这时利用微课展示立体图形能让学生从三个方向看清物体的形状。

2. 利用微课合理地组织数学教学活动

教师在利用微课开展教学的时候，首先要清楚教师是课堂学习的组织着、引导者，这个地位是不能动摇的，微课只是对教师起一个辅助作用，教师不能忽略自己在课堂上对学生引导和讲解知识的作用，应该将微课教学和教师的引导相结合。

（1）教师在课前可以利用微课让学生进行课前预习

根据学生已经掌握的知识和下一节课需要学习的新知识设计制作好微

课，让学生在家预习，为下一节课的学习做好准备。例如教学北师大版七年级下册第五章《生活中的轴对称》，教师可以给学生相应的微课，让学生在家预习的时候通过看微课从直观上认识轴对称，使学生在课堂上的学习效率更高。

（2）教师在课中的实际教学中可以利用微课进行知识的导入、讲解重难点知识以及展示多种解题方法

初中数学部分知识比较枯燥和抽象，教师可以制作有趣的微课引入本节课的内容，激发学生的学习兴趣。为了强调重点，突破难点，教师也可以将这些重难点问题制作成微课展现出来。教学北师大版九年级下册第二章《二次函数》中的《二次函数的图像与性质》，只靠教师讲解，或利用PPT，都不能很好地展示二次函数的图像，但是如果利用微课就能很好地展示二次函数的图像变化，并且图像的性质也能通过直观的观察发现。[4]

由于课堂上的时间有限，有些数学题虽然有很多种解法，但是基于课堂的容量不能留给学生太多的时间进行思考寻找多种解题方法，但可以直接利用微课展示其他的解题方法。例如北师大版本八年级上册第六章《数据的分析》中的第一节《平均数》，在算加权平均数时有很多种解法，可以直接让学生观看视频，让学生自己找到自己最适合、最好理解的方法。

（3）教师在课后可以利用微课让学生进行复习和课后练习

由于每个学生的学习能力不同，因此教师可以将讲解重难点的微课视频发给学生，让学生在家里对重难点知识进行复习巩固。教师可将少而精的习题制作成微课，通过联系让学生巩固本节课所学的知识，让学生将知识纳入已有的知识体系。还可以适当设计一些相应知识点的数学史微课、重难点知识拓展微课等来延伸课堂的内容以满足较高层次学生学习需求。

📑 参考文献

［1］郭建云.微课在初中数学教学中的作用及应用策略［J］.甘肃教育，2018（12）：115.

［2］时圣锋.浅谈微课在初中数学教学中的作用［J］.中国校外教育，2018（6）：62.

［3］姚子荣.初中数学课堂教学的微课应用策略［J］.数学学习与研究，2019（1）：91-92.

［4］侯琳佳.初中信息技术教学课堂应用微课的策略探讨［J］.数学·信息，2016（2）：136.

得心应手 反思改进

——新教师如何看待微课对自己教育教学的作用

深圳市龙岗区东兴外国语学校 陈萍如

随着时代的发展，学校对于教师的专业能力要求越来越高，学生对教师的专业内容以及拓展内容的需求越来越大。在此前提下，专业的师范院校对于教师的培养更着重科研能力和创新能力提升。新教师学成而来，带着一身的本领，却难以在课堂这一亩三分地发挥作用；而学生们，对于新教师所呈现地非常专业的知识，也表现出无所适从的迷茫。在这样的环境下，微课这一工具，反而成了双方进行交流的传声筒。

一、新教师面临的矛盾与冲突

我仍记得我的第一堂课，想来这一生都不太可能忘记。作为一个新入职的教师，我刚入职就成为两个班的数学老师和一个班的班主任。由于我们学校环境的特殊（由于升学压力过大提早开学，只能边建设边开学），每个年级都未能满员，尤其是我带的二年级，只有2个班。在这样的情况下，只能由我一个数学老师来承担2个班的数学教学。这就导致我陷入一无经验、二无师傅带的尴尬状态。好在我之前曾在广州实习了一段时间。于是我从各种途径寻找资料，比如教案参考、教学记录、教学反思、教学实录等帮助教学。即便是这样，一节课下来我依旧觉得筋疲力尽，因为我觉得自己把握不住重点，难以分析难点，无法辨析学生的学习盲点。在课堂上，即便知道一节课的时间有限，也难以控制自己在非重点上的发散与拓展。此外，由于我们在大学的时候接触了大量的教育方式与教学改革，于是总会试图引入一些新的教学手段用在课堂中。而这一拓展一引入，使得原本就有限的教学时间变得更加局促。教学经验的有限，意味着我对学生的把控能力不足，在这有限的时间里，还得分时间去整顿学生的纪律……这么一整顿，留给教学的时间就更少了。这就要求我必须言简意赅，在最短的时间给学生点拨最重要的知识。而这，也是我最欠缺的能力。

作为一个新教师，虽说在校期间我学习了大量的心理学和教育学知识，如知道学生的一些特殊行为代表什么，知道不同年龄阶段学生的思维能力及发展特点，知道不同年龄段学生的道德水平，知道可以用维果斯基的"最近发展区理论"来调动学生的学习积极性、发挥其潜能……但是，我知道的东西那么多，真正能与实际教学内容相结合，运用到课堂上的却几乎为0。究其原因，一是缺乏经验，空有一身理论，却不知道如何与现实的教育教学相结合。我知道理论，却不知道理论发生的环境，不知道理论照搬进现实的触发条件。二是缺乏得心应手的工具。社会发展速度如此之快，刚出现的教学新工具还没传播开来，新的教学工具已经面世。比如随处可见的微课网、MOOC、可汗学院、网易公开课等等。而网络时代的来临，对传统教育带来冲击，比如学生获取知识的途径不再单一，学生的知识储备量越来越大，这就要求教师的储备知识必须更多、更广。

种种矛盾与冲突，很容易让新教师在教学之初就丧失对教育的信心，从而陷入"失落—难以精心备课—课堂难以进行—更加失落"的恶性循环之中。

二、微课如何让新教师得心应手

我们都知道，微课的核心组成内容是课堂教学视频（课例片段），同时还包含与该教学主题相关的教学设计、素材课件、教学反思、练习测试及学生反馈、教师点评等辅助性教学资源，它们以一定的组织关系和呈现方式共同"营造"了一个半结构化、主题式的资源单元应用"小环境"。因此，微课既有别于传统单一资源类型的教学课例、教学课件、教学设计、教学反思等教学资源，又是在其基础上继承和发展起来的一种新型教学资源。

首先，微课相较其他的教学资源来说，更加简单易上手——只需要一部手机，一个支架，一张白纸和一支笔就能完成。如果我们需要制作更加复杂的微课，在网络上也有许许多多的教程可以学习，这些教程虽说步骤多，但操作简单，只需要按照提示步骤就能制作出一个精美的微课作品。对于新教师来说，步骤虽杂但也不是问题。

其次，微课对于新教师来说，更容易得心应手。第一，微课资源容量小，格式多为常见媒体格式，基本适用于所有移动设备，因此师生可以在线观摩，多次观看。对于新教师来说，更是可以随时随地，即想即录，即想即看；也可以通过观摩他人的微课，先进行风格模仿，再实现自身的迁移和提升。第二，微课教学时间短，教师可以根据需要，呈现最重要的问题。在这个过程中，新教师通过查阅资料，反复录制，多次调整，可以对重难点的把握更加了然于心。第三，微课研究的问题可以来源于具体的教学，也可以是我们自己感兴趣的问题和内容，这就使得教师在无形中不断增加储备知识，拓宽自己的深度。

三、微课在新教师成长过程中的作用

首先，在分析微课对新教师成长的作用之前，我们先来看一下微课的特征——主持人讲授、流媒体播放、教学时间短、资源容量小、教学内容少、设计精致、示范典型、自主学习、简便实用。对于新教师来说，"设计精致、示范典型"是自己在教学第一年最需要具备的教学能力。首先，通过微课的录制，新教师可以不断修改自己的教学设计，不断精简自己的讲授语言，不断简化并重点突出自己所要讲授的知识点，这就避免了教师在课堂上进行无意义内容拓展导致有限时间浪费情况的发生。

其次，新教师录制完微课之后，可以把微课作为一种课前让学生自主学习的教学资源，作为一个课堂结束之时重新让学生复习知识点的教学环节，作为一个学困生的重点点拨工具。

最后，微课作为一种流媒体，可以上传到网络上。传播范围一旦打破学校壁垒，评课对象自然也会泛化。于是，我们可以听到各种人的评价，有来自同行的、有来自家长的、也有来自学生的。评价主体的多元化有助于我们更好地修改自己的作品，使得它越来越精简。此外，微课作品作为我们的足迹，当我们越走越远时，回头再来看它，它依旧在那里。当我们积累了足够经验，当我们有能力把这一身本领，把这复杂的专业知识融会贯通融入我们的课堂和教学中时，我们可以回过头去看看自己当初录制的作品，找回自己初心。我们还能发现自己的不足，重新编写我们的设计，不断改进自己，让自己在这条路上越走越远，越走越稳。

微课不微效　融景亦融情

——浅谈微课在小学数学情境教学中的运用

深圳市龙岗区安良小学　唐黄少玲

《全日制义务教育数学课程标准》（2011年版）指出，数学教学要紧密联系学生的生活实际，创设有助于学生自主学习的情境，引导学生自主探索、实践、思考，获得数学的基础知识、基本技能、基本活动经验，不断提高发现问题、提出问题、分析问题和解决问题的能力。因此教师在课堂中创设有趣味性、有针对性的教学情境至关重要。本人通过自己的教学实践，对微课对小学数学情境教学的帮助，进行探讨。

一、巧置问题性微课情境，激发探究"微动力"

学生的认知水平从已知区到最近发展区，再到未知区，是不断循环往复，呈螺旋式上升的。设置恰当的问题性微课情境能够激发学生的内在探究动力，不断解决新问题，收获新知识，提升认知水平，实现自身从已知区到未知区的过渡。

在教学北师大版六年级上册"圆的认识"这一课时，我利用微课创设了这样一个问题情境，猴子坐在一辆车轮是正方形的车子上颠簸，同时设问，猴子舒服吗？为什么？学生凭借生活经验提出车轮应做成圆形的。接着视频显示猴子坐在一辆车轮是圆形但车轴不在圆心的车上颠簸，同时设问，车轮已改成圆形的，为什么猴子还不舒服？学生依据刚刚所学的知识很容易想到要使汽车不上下颠簸，必须使车轴至车轮的距离处处相等，因此车轴必须装在圆心处。最后视频再显示猴子坐在经过学生改进后的车上微笑，教师语言配合："猴子在谢谢我们大家呢！"

通过创设这个问题性微课情境，可以一步一步引发学生去发现问题、分析问题、解决问题。微视频形象生动，可视性强，更符合学生的身心发展特点，能吸引学生兴趣，激发学生求知"微动力"。

二、巧借生活化微课情境，丰富学生"微体验"

微课中有很多内容源自生活、服务于生活，它不是特立独行的存在，而是从实际生活需要出发设计的。教师借助生活情境可以将数学微课教学同学生的现实生活密切联系起来，立足于他们的生活经验和已有知识储备，让他们在观测、操作、猜想、沟通、验证、反思等活动中逐渐了解数学知识的形成与发展历程。

在教学北师大版四年级上册第一单元《认识更大的数》的第5课时"近似数"时，我在突破"用四舍五入法求一个数的近似数"这一教学难点时，设计了这样的一个微课情境：淘气到文具店给班级买4个本子共需5.2元，售货员给淘气优惠后只收了5元。淘气还买了4支圆珠笔共9.8元。淘气问售货员："可以给你9元吗？"售货员回答："这次不可以。9.8元收9元有点亏了。"我借此时机提问学生："生活中你有遇到过淘气这样的情况吗？为什么总价是9.8元时，售货员没给淘气优惠为9元？"学生说出很多生活中运用到"四舍五入"法的生活情境。我结合这些生活情境引导学生画图理解"四舍五入"法。这时我又给学生一个数字让学生在小组内开始用"四舍五入"法自我探索求一个数的近似数的方法。

巧借微课资源，创设生活化教学情境，能使学生更亲近课堂，更好地把数学世界与生活世界紧密相连，在参与数学学习活动的同时增添生活"微体验"。

三、巧用实验性微课情境，激活数学"微情感"

在实施实验性教学时，我巧妙利用微课资源来创设实验教学情境，力求为学生搭建探究学习的良好环境，促进他们从以往的"听"数学转变为"做"数学、"用"数学，在探究中生成积极的情感。如在六年级下册"神奇的莫比乌斯带"一课教学中，我结合自己设计的实验微课进行如下教学。

师：请同学们拿出准备好的1号长方形纸条，看看这张纸条有几个面？几条边？（2个面，4条边。）

师：现在谁会变魔术，把这张有4条边、2个面的纸条变成只有2条边和2个面？

（学生尝试。）

（微课演示：把纸条头尾相连，卷成一个圈。）

师：这个纸圈真的是2条边、2个面吗？数数看。既然你们这么厉害，我们来个高难度的，你们能不能把它变成1条边1个面？

（生尝试。）

师：同学们还没有琢磨出来，这个纸带到底是怎么做的呢。想不想学学？

师：这个圈真的只有1条边、1个面吗？怎样验证只有一个面？

师：用水彩笔一划就在纸面上留下痕迹，就知道哪些地方走过，哪些地方没走过。想试试吗？先选一个起点，我们可以画一条线，然后拿出水彩笔沿着中间的线走一走，画一画。

（接着用微课演示对比普通纸圈。）

（学生根据视频验证自己手上的纸圈只有1条边、1个面。）

师：其实，这个只有1个边、1个面的圈是德国数学家莫比乌斯在无意中发现的。不要小看这个圈，在当时，它就像是在浩瀚的星空中发现一颗行星一样惊世骇俗，所以，人们就以他的名字命名它为莫比乌斯圈（板书课题），也把它叫作莫比乌斯带。

利用精心摄制的微视频作为学生实验探究的情境，把抽象的数学知识转化为更为直观形象的形式，使学生在观看微课演示的同时，积极动起手中的笔，进行实际操作训练，进一步获取、验证数学方法和结论，从而在实验操作中培养起良好的数学情感。

微课不微效，融景亦融情。微课简短精练、形象生动、形态多样，其拥有的特点、优势是图像、文本等表现形式所不具备的。利用微课可以创设直观、生动形象、接近实际的教学情境，让学生在入情入景中更好地感受生活中存在的与数学有关的现象、知识以及数学所具有的应用价值。

魅力微课　精彩纷呈

——浅谈微课在小学数学"空间与图形"教学中的应用

深圳市宝安区黄田小学　耿　琳

"空间与图形"是《全日制义务教育数学课程标准》（以下简称《课标》）指出的四大学习领域之一，是义务教育阶段数学课程的重要组成部分。在以往"空间与图形"课堂学习中，学生由于空间想象能力缺乏，因而在空间观念形成方面存在一定的难度，常常不能将生活事例与图形表象很好地联系在一起。微课的出现与应用，有效地解决了学生空间想象能力缺乏的问题，对小学数学"空间与图形"教学具有重大的意义。

一、课前使用——让微课成为学生学习新知的引导者

将微课用于课前学习，有利于培养学生自主探究的意识。学生刚接触到新知识，他们肯定会对教材中的知识点有疑问，不清楚哪些是学习的重点。这时微课可以引导学生探索新知，为学生掌握基本的知识扫清障碍。《课标》要求中小学生学会自主学习，但是教科书部分知识的编排不利于学生自主学习，而利用微课让学生进行自主学习，能够激发学生的学习兴趣。例如，在学习图形与图形之间的联系的知识点时，微课能帮助学生建立图形之间的联系，培养学生的自主探究意识，唤起学生的主体意识，发挥学生的主观能动性。

精彩的微课导入能充分调动学生自主学习探究的积极性，为开展有效教学奠定良好基础。例如，在进行"平行四边形面积"的教学时，我先抛出问

题："你能把平行四边形转化成长方形吗？"

然后用微课制作的动画向学生展示平行四边形变长方形这一过程（如图1），引导学生复习巩固已有的图形知识，再用微课引导学生通过对比探索新知。学生主动推导出平行四边形的面积公式（如图2）。微课让学生成为学习知识的主体，微课成为学生学习知识的引导者。

图1　图形的转换

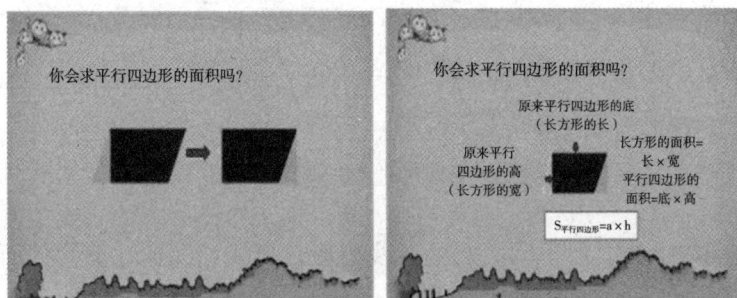

图2　面积公式的推导

二、课中使用——让微课成为学生学习重难点的解惑者

将微课用于课中答疑，与学生探索、交流相结合，有利于提高学生深入思考的能力。《课标》指出，当学生在探索过程中遇到问题，就要给他们提供合作交流的机会。然而，现实中的课堂仍然存在不少问题，如教师为了赶教学时间，直接把答案呈现给学生，学生缺少深入思考的时间。又如，课堂看似很活跃，学生有问有答，其实只是表层思维的活跃，思考缺乏深度。长此以往，学生将失去思考能力。应用微课教学可以很好地解决课堂时间不足的问题。可以利用微课给学生展示多种解决问题的方法，留出充足的时间和

空间，让学生进行思考、讨论和探索。

巧用微课突破重难点，帮助学生建立具体的空间观念。《课标》认为，学生空间观念形成的主要表现是：能通过实物的形状想象出几何图形，能通过几何图形想象出事物的形状，进行几何体与三视图、展开图之间的转化。如在学习"圆的面积"，可导入很多图形，让学生利用转换的方法，实现对很多图形面积的计算（如图3）。

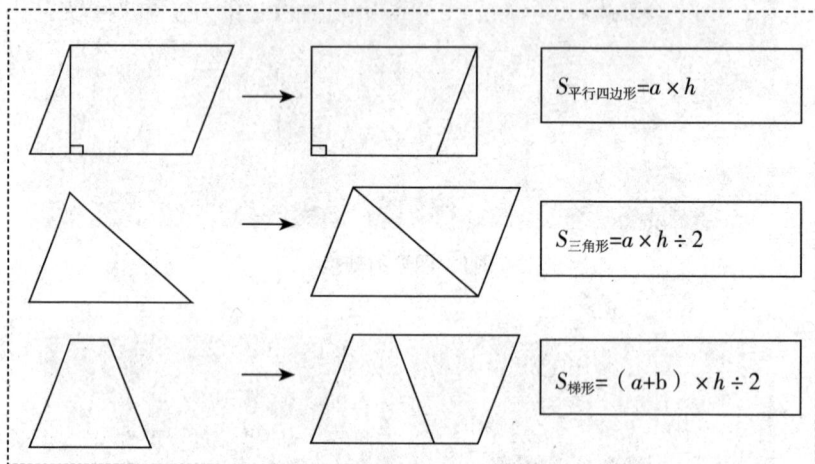

图3　用转化的方法求图形面积

圆与图3中的图形不同，它是曲线图形，那我们怎样计算圆的面积？怎样把曲线图形变成直线图形？微课动画展示：把圆分成四等份，拼起来是什么形状，八等份呢？十六等份呢？……通过"分割→拉直→拼插"的动画呈现以及准确的讲解、演示，可以将静态的知识动态地展示出来。学生通过对比，可以直观地发现分的份数越多，每一份就会越小，拼成的图形就越接近一个长方形，从而使"长方形的长相当于圆周长的一半，长方形的宽相当于圆的半径"这一定理得以证实。学生建立起圆半径、圆周长的一半和所拼成的长方形的长、宽之间的联系，从而可以推导出圆面积的计算公式（如图4）。

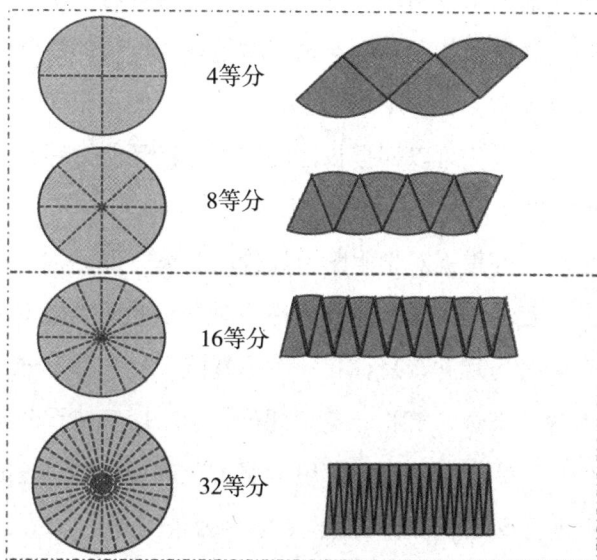

图4 圆面积公式推导

根据图4中图形可知圆与长方形的关系：把圆分的份数越多，越接近我们学过的长方形。

由$S_圆=S_{长方形}$可知，长方形的长就是圆的周长的一半，长方形的宽就是圆的半径。

所以，$S_圆=S_{长方形}=a \times b$

$$=\frac{c}{2} \times r$$

$$=\pi r \times r$$

$$=\pi r^2$$

（式中，c为圆的周长。）

一个复杂的化圆为方、化曲为直的难点问题，通过微课，把抽象图形转化为直观图形，从而使学生发现数学规律，主动探索出圆的面积公式。利用微课有效开展数学教学，真正实现帮助学生答疑解惑，突破重难点。

三、课后使用——让微课成为学生学习知识的提升者

将微课用于课后复习，有利于学生巩固、升华所学知识。课后，学习

能力弱的学生可以借助学校网络平台的微课，进行复习或重学。微课能缩小学生之间的差距，微课能帮助教师实现因材施教。传统的课堂面向几十名学生，很难开展分层教学，也很难达到理想的效果，使用微课可以满足不同层次学生的实际需求。学生可以根据自己的基础、接受能力等具体情况进行自由选择，教师也能更好地为每一位学生服务。

《课标》要求教师重视对学生学习评价的改革，促进学生发展。在教学中可利用微课其交互功能，设计相关的环节对学生的回答做出不同的反馈。如当学生回答正确时出现"恭喜你！""你真能干！"等字样，也可以用学生喜欢的卡通人物、声音、笑脸、花朵评价。学生回答错误时则出现"真遗憾！""要加油！"字样，然后以"继续努力"进行鼓励。这时学生可以返回前面的知识点进行反复播放学习，直到学会为止。

在课堂教学中，教师可用微课把数学问题情境生活化，联系生活实际引入新课，让学生亲自体验生活情境中的数学问题，在真实的生活背景或模拟的生活情境中，增加直接经验，启迪思维火花。例如，教学"周长"这一课时，我用微课动画"蜗牛爬树叶"呈现：蜗牛爬过一周的长度就是这个树叶的周长。我让学生先仔细观察蜗牛沿着树叶走一周的情景，然后说出自己对周长的感悟和理解。然后再让学生在白板上描出树叶和书本的周长。最后用小测试，让学生分别描一描课桌面、台阶、半圆、小兔子的周长（如图5）。这样既调动了学生的主动性和积极性，形成良好的学习氛围，又帮助学生理解周长的定义。

图5　微课动画展示

用微课将学生难以理解的周长与具体情境相结合，让学生在形象的动画中体验理解，在练习中巩固提升，有利于培养学生理解问题的能力和知识迁移及类推能力。

微课在数学空间与图形部分的应用为数学教学提供更科学的辅助方法，为小学数学教学改革注入新活力。教师要以课堂为中心，在不同的教学阶段，让微课发挥其应有的优势作用。

课前使用微课有利于激发学生学习兴趣，促使学生主动探究。

课中使用微课有利于突破重难点，为学生答疑解惑。

课后使用微课有利于学生复习巩固，提升学生的知识水平。

微课让课内、课外学习联系更加紧密，使学习时间与空间得到进一步拓展。在课堂中巧妙合理地运用微课，可以弥补传统教学的不足，实现微课与传统课堂的完美融合，提高课堂教学效率。

精彩微课，魅力无限。魅力微课，精彩纷呈。

微课在数学教学中的应用与研究

深圳市龙岗区布吉贤义外国语学校　叶凯锐

一、什么是微课

微课是指时间在5分钟左右，有明确的教学目标，内容简短，集中讲解一个问题的小视频。微课是由课堂教学视频（课例片段），教学设计、素材课件、教学反思、练习测试及学生反馈、教师点评等辅助性教学资源组成的。教师可根据教学实际及不同的需求，采用不同的方式，如动画，音频，PPT等，制作微课。

二、微课在数学教学中应用的必要性

1. 能唤醒学生数学学习热情

数学来源于生活，又应用于生活。教师可以某一数学知识点或案例为主线，为学生创设相关的生活情境，充分引起学生学习数学的兴趣。数学教学中运用微课，既能弥补传统课堂"黑板+粉笔"教学的不足，又能集合声音、图像、视频、文字等内容，生动形象地进行知识教学，使学生更易集中注意力投入学习中。同时，学生还可根据自身的学习情况反复学习、听课，不受时空的限制。微课的每节课控制在5分钟左右，内容短小精悍，可以实现学生在短时间内进行学习、记忆与消化。例如，一些复杂化的数学公式，学生在课堂上难以及时理解吸收，教师可在微课中对这一公式由来以及公式推导过程做简单介绍，让学生在图文并茂的故事中产生浓厚的学习数学欲望，不再惧怕数学。

2. 能突破数学教学重难点

数学抽象化特征极为显著，建立一个完整的知识框架体系是学好数学的关键，可以及时运用所学知识解决实际难题。而采用微课方式来讲解重难点内容，可以让学生在短短数分钟的课程内，迅速掌握数学重难点所在。同时微课堂更具生动性和直观性，学生在高度集中的学习状态中，能快速吸收知识，并在脑海中逐渐形成关于各个重难点知识的框架体系。学生可以用几分钟的时间去学习一个知识点，如果没有听懂，还可以返回去再听第二遍，不受时空限制。另外，微课的内容针对性很强，教学内容中有明确的重点、难点和疑点，这极大地提高了课堂教学的针对性和有效性。例如，在"二次函数的图像"教学中，我借助几何画板并制作成为微课，向学生展示 a，b，c 三者对二次函数图像有着怎样的影响。学生通过观察很快找出不同函数图像的位置。微课可以将复杂、抽象的数学问题变得简单具体，帮助教师突破教学重难点。

三、微课在数学中的具体应用

1. 利用微课预习数学知识

预习是学习过程的一个重要环节，对学生来说是十分必要的。而数学学科比较抽象，逻辑性较强，如果让学生通过看书来预习，学生就会觉得枯燥乏味，导致很多学生不愿意预习，就算预习也无法获得预期效果，同时教师也无法参与到学生的课前预习中来，导致学生最终的预习效果较差。这时我们可以利用学生喜欢的动画、小故事、视频等微课资源，从视觉、听觉等角度激发学生学习的积极性，培养学生自主学习的能力和习惯。例如，在学习"分数的初步认识"这一单元的内容时，在学习完分数的概念、比较分数大小后，就会学习分数加减的内容。这部分是该节知识的重点和难点，对学生来说学习和理解有一定的难度。这时就可先利用"微课"视频的形式给学生呈现同分母两个分数相加，分母不变，分子相加的动态化过程，使学生发出疑问为何分母要保持不变、分子相加，而不是分母和分子同时相加。学生提出质疑，然后再回归教材展开自主学习探究和思考获得最终的答案。当学生对"分数加减法"的知识有一定掌握后，再展开正式的学习必然会获得良好的教学效果。确保学生课前预习有效性，能大大提高数学新知学习效率。学生有了第一天的预习，再加上第二天的小组讨论、合作学习，在掌握基本概念的同时，往往还能生成很多意想不到的发现。

2. 利用微课进行课前导入

俗话说，万事开头难，良好的开端是成功的一半，要上好一节数学课，良好的导入方式显得尤为重要。教师可以利用微视频结合本节课的具体内容，融艺术性、知识性、趣味性于一体，激发学生学习的积极性，活跃课堂气氛。例如，在学习利用全等三角形测距离这节课时，可以将士兵、碉堡、敌方、我方等信息用动画的形式呈现给学生，这样不仅可以让学生清楚地掌握题目中的信息，而且能极大地调动学生学习新知识的积极性。

3. 利用微课进行复习

将微课运用于初中数学复习课当中，这样就能够吸引学生的注意力，让学生对此产生好奇。教师还需要创新教学内容，如利用微课创设教学情境。比如说在学习"三角函数"的时候，有些学生对于需要在脑海中建立抽象图形的知识点比较难以理解和接受，那么教师就可以在制作微课的过程中加入一些具象化的视频和图片，帮学生学习和理解。同时教师还可以将学生在学习中产生的主要疑难点集中起来，利用微课视频的方式让学生反复观看，直到弄懂为止。将微课的作用在初中数学复习课中充分展现出来，不仅可以提高教学质量，还可以激发学生的学习兴趣。

四、结　语

微课在数学教学中的运用，既有其优势，同样也存在着不足之处，教师应当根据学生实际学习状况、教材内容等，科学运用微课，积极改进完善教学模式，让微课发挥其作用，推动高中数学教学质量的提升，让学生真正喜欢上数学这门课程。

微课细微中彰显大智慧

深圳市龙岗区中心小学 刘才泗

微课之所以称为微课，是因为它高度浓缩了教学中的重点、难点和关键点，内容短小精悍，便于教学。时间虽短，但是这5～10分钟的课程里却蕴含着微课制作者的大智慧。

一、微课录制彰显大智慧

微课录制开始前，我们首先要明确录制的目的，根据目的来选择录制的内容、方式、应用软件和发布时间。

在录制中我们通常采用PPT讲解、纸笔讲解、也会采用卡通漫画形式讲解。不同的讲解方式，须采用不同的录制软件。用PPT讲解时，我们可以采用PPT+录屏软件来录制。当然录屏软件有许多种，比如拍大师、嗨格式录屏大师等。用纸笔讲解时，我们直接用手机自带的录像功能即可，录成视频后再用视频编辑软件进行剪辑效果会更好。视频编辑软件也有许多，比如小影、乐秀等。采用卡通漫画形式讲解，我们可以用皮影客APP录制。上述软件具体操作比较简单，在此我不再赘述。我们在录制时，要先备好课，建议一个视频只针对一个问题，这样效果会更好。

二、微课运用彰显大智慧

微课根据运用的时间不同，大致可以分为课前运用、课中运用、课后运用。无论何时运用，一节好的微课都彰显了录制者的大智慧。

1. 课前自学突显学生主体地位

想让学生先自学后检测，我们可以录制前置微课来帮助学生自学，将课堂教学进行翻转。以此为基础，学生在课堂现场进行交流、释疑解惑，并在教师点拨下得到提升，实现先学后教和以学定教。这样能确保教师精准"扶贫"，节约教学时间，拓展课堂容量，既凸显了学生的主体地位，又提升了教学效能。

在教学北师大版小学数学五年级上册的"组合图形的面积"一课时，我先录制了一节微课。微课中，我先分别出示长方形、正方形、平行四边形、三角形和梯形模型，用提问的方式帮助学生复习回忆这些基本图形的面积计算公式。然后再用这些模型来拼图。在此过程中，我帮助学生理解什么是组合图形，怎么算组合图形的面积。到这里我再要求学生自学课本。此时，本节微课录制完毕。第二天的课堂教学中，我发现学生都看懂了课本，都会用"切、割、补"的方法计算课本中"智慧老人的客厅面积"。此时，我提出"怎样切割算不出智慧老人的客厅面积"的问题。学生显然没有想过这个问题，大家纷纷动笔试做。最后，学生发现切割补还要考虑所需要的数据是否能找到。此微课凸显了本节课的难点。

2. 课中穿插增添妙趣

当有些教学活动在课堂上不容易操作，或操作时不容易让每一个学生都能细致观察时，我们可以提前录制一个视频微课，穿插在课堂教学环节中，增添课堂教学的趣味性和可观性，突出重点、突破难点。当然，课中穿插的微课应比课前自学的微课更简短，重在聚焦一个问题，展现其他教学手段较难体现的动态思路，并根据现场互动的客观需要随机播放、反复播放，实施有效的学习刺激，达成预期的学习目标。

在教学北师大版小学六年级《数学》下册的"圆锥的体积"一课时，考虑到学生手中的学具较小，操作时容易产生较大的误差且不容易观察。因此课前，我先进行实验。通过多次实验，我选择了"等底等高"的圆柱和圆锥模型，并在水中滴入黑色墨水，从多个角度进行录制，再进行剪辑。课堂上，我采用让学生先猜—再动手做一做—然后观看视频的方式，让学生明白了要在圆柱和圆锥是"等底等高"的前提下进行实验，并要注意观察。另外实验存在一定的误差，造成误差的原因有很多种等，教学效果是显而易见的。

3. 课后补充助力成长

有时一节课下来，因为各种原因，总有一些学生不能掌握所学的知识，不能运用知识和技能解决一些实际问题。此时，教师可通过批改作业和检测发现问题，然后通过录制微课的方式进行弥补，帮助学生巩固知识、形成技能。

在教学北师大版小学四年级《数学》上册的"运算律"后，我们发现有相当一部分学生不能灵活运用运算律进行有效计算，经常会把乘法分配律运用错。比如 $125 \times 37 \times 8$ 与 $（125＋37）\times 8$ 学生会经常混淆。为此，我录制了整数加减乘除运算所涉及的7个主题微课，让学生自己观看，每个微课时长不超过5分钟。我在讲解例题之后给出两道巩固性练习题，供学生练习。这样做一方面弥补了学生在学习过程中留下的"历史遗留问题"，另一方面帮学生及时巩固了新知。

在教学画平行线和垂直线后，我从练习中发现，学生对画平行线和垂直线的操作并不熟练，有的是根本不会画，有的是混淆不清，有的是工具不齐或工具老旧，等等。为此，我针对学生出现的不同情况，录制了几个专题视频，学生观看后基本上都能灵活运用了。

总之，在信息技术高度发展的今天，微课必将得到更多的关注。何时用、怎么用才能使其发挥它的作用，彰显微课录制者的大智慧。

基于"翻转课堂"的微课在小学数学
教学中的应用效果和反思

深圳市龙岗区横岗聚英小学　吕丹丹

　　小学数学是小学阶段的重要学科，也是其他学科的学习基础。然而目前数学教学的现状并不理想，特别是学生对抽象数学概念的认识不够，所以很有必要结合实际教学以及新课程改革的方向，探索有效的教学方式，弥补课堂教学的不足。微课是近些年来兴起的一种教学方式，微课也称微课程。所谓微课程是时间在10分钟以内，有明确的教学目标，内容短小，图、文、声并茂，集中说明一个知识点的小课程。[1]以多媒体和信息技术为媒介，将抽象的数学知识具体化，更直观展示在学生的面前，吸引学生的注意力，提高学生自主学习的能力，进而提升教学的效果。

一、微课在小学数学中的教学效果

1. 利用微课程实现翻转课堂

　　传统学习中的学习时间是常量，如学生一个学期学习多少周，一周有几节课，这些时间是固定不变的。然而学生对知识掌握情况却是变量，可能因为一个小动作、走神、发呆而出现漏听。渐渐地，知识漏洞就会越来越大。小学生由于年龄局限，想要在一节课40分钟完全保持注意力是很困难的，而微课却可以弥补课堂教学中的不足，实现翻转课堂。

　　所谓"翻转课堂"是指重新调整课堂内外时间，将学习的决定权从教师手中转移给学生。新课改提出学生是课堂的主体，也是学习的主人。微课教学的常量是学生掌握了，变量是学习的时间。每个学生的学习能力不一样，我们无法要求所有的学生在相同的时间掌握同样多的知识量，但可以利用微课让学生通过课后不同的时间学习，从而达到"掌握了"这个常量。微课教学的时间可控制在10分钟以内，这样能够较好地利用学生注意力的发展特点，有效吸引学生的注意力。[2]微课程不仅可以满足学生在学校学习，还可以满足其在家里学习、随时随地学习的需要。学生不会因为在课堂上错过某个知识点而感到失望和迷茫。微课学习能大大提高学生自主学习的能力，进而提高学生的整体学习质量，实现有效的翻转课堂。[3]

2. 利用微课提高学生在课堂中的学习效率

数学知识具有一定抽象性，学生往往无法在一节课内深刻领会概念性的知识。针对这样的课型微课可以怎么去突破呢？

例子1：

当我在教授"认识时分"这节课时，课前备课时已经预知多数学生对"1小时=60分钟、1分钟=60秒"这个难点无法深刻理解。于是我在课前制作了一个关于"时、分、秒关系"的微课。当我讲解到难点部分时，便播放这个微课，并让学生仔细观察时针和分针的运动，说说发现了什么。通过观察，学生发现：时针和分针都在运动；分针走一圈，时针就走1大格；时针走1大格是1小时；分针走一圈是60分钟；1小时=60分。在这个过程中，学生都是自己观看时、分、秒的微课然后发现知识，更加直观地感知时、分、秒的关系。接着，我结合生活中的钟表再次拨动指针验证1小时=60分钟，1分钟=60秒，在学生知识架构基本已经建立的情况下，用实际操作验证真理。我借助微课的层层引导，让学生在观察、发现、思考、动手操作中学会知识，提高了课堂效率。

例子2：

一年级上册"古人计数"的课后介绍了古人是如何利用"算筹"来计数的。大部分学生对"算筹"这个词不理解，更不理解怎么算。如果我不进行拓展的话，学生学习数学就没什么数学味了。于是我制作了一个关于介绍"算筹"的微课来拓展学生的数学文化知识，让学生更加清晰了解过去古人的计数方法。结合微课来提高学生的学习兴趣，可以充分调动学生学习的积极性，提高学生学习的效率。

3. 利用微课帮助学生进行培优辅差

由于课堂教学时间有限，课堂时间不够给学生做作业，学生回到家完成作业有时会遇到困难。当学生在做作业遇到困难时，家里父母又不在家，爷爷奶奶由于知识缺乏而无法辅导，这时学习能力一般的学生会很苦恼，无法及时解决在学习上遇到的问题，久而久之就出现了知识的漏洞，最后因为知识漏洞而失去学习数学的兴趣。基于这样的考虑，我尝试把《知识与能力》练习册相对比较难的题目提前录制成微课，主要是讲解如何审题、思考的方向、解决的方法、总结的方法，供学生学习观看。这样做的目的有：

（1）及时帮助学生解决遇到的困难。

（2）提供一个解题的思路，培养学生良好的做题习惯。

（3）对学生进行线上的培优辅差。如果学生看一遍微课不懂，可以重复看，直到看懂为止。及时辅差，从而缩短班级学生两极分化的差距。

除此之外，我还对平时测试卷上的难题和课本重难点题目进行整理，然后制作成微课，让学生有更多的微课资源可以学习。通过微课来查缺补漏，反复学习和巩固，学生从被动学习转为主动学习，充分提高学生自主学习的积极性，从而提高学习数学的兴趣，增强学习数学的自信心。

4. 带动学生一起制作微课

制作微课需要时间和精力，作为一线教师，除去上课、改作业、培优辅差、开展学生活动等时间，剩下的空闲时间很少，一个人制作微课难度较大。"众人拾柴火焰高。"于是我培养了好几个二年级的学生参与制作微课。学生对制作微课有非常浓厚的兴趣。我主要让学生讲解做题的方法，学生家长也特别支持。学生参与制作微课的好处有：

（1）锻炼学生讲解题目的逻辑思维能力。

（2）培养了学生语言表达能力。

（3）学生制作的微课，学生之间更容易接受。

（4）落实新课改理念，给学生展示自我的机会。

（5）充分调动班级学习数学的气氛，大大提高学生的学习效率和教学效果。

二、应用微课后的反思

微课在教学中确实非常实用，不仅能帮助学生解决学习上带来的困难，而且还能帮助教师减轻负担。当然，制作微课还需要花大量的时间和精力做前期的准备工作。以下是我的几点反思：

（1）不是所有的教学内容都适合采用微课的方式来传授，对制作微课的教学内容要进行筛选。

（2）教师对整个年级甚至整个小学阶段的知识架构、重难点、易错点、易混点等，都要非常清晰，而且教师对知识点要善于整理、归类、总结，做到可以重复利用。

（3）不能盲目根据个人喜好制作微课，要多考虑学生的学习特点和年龄特征，多从学生角度出发，选择一些学生喜欢的场景和人物加入微课，使得微课更深入学生的学习之中。

（4）多培养和带动学生参与微课的制作，让他们在制作微课的过程中巩固知识，强化能力。可以充分挖掘学生的潜力和培养学生动手操作的能力，让更多的学生学会主动做微课。

三、结 语

微课为小学数学教师提供了一个广阔的舞台，教师可以搜集和整理基于数学教学理论的生活实践知识，将它们引入课堂教学中，以学生喜闻乐见的场景辅助数学教学，实现翻转课堂，把课堂和学习都交给学生，落实学生是学习的主人，教师是教学引导者的教育理念。

参考文献

［1］王建林.借助微课，翻转课堂［J］.中国校外教育，2016（6）：67.

［2］刘芳.基于翻转课堂的小学数学微课设计策略探析［J］.中国教育技术装备，2017（7）：69-70.

［3］李自新.微课在小学数学课堂教学的效果和应用［J］.信息技术与教学，2019（7）：151.

小学数学教学中对微课的初探

深圳市龙岗区平湖街道中心小学　郑娟娜

微课以其短小精悍、传播速度快的优点为人们所熟知，是教师针对课堂或课后学生的学习需要，选取某个知识点进行设计讲解的小视频。用微课程辅助课堂教学，有利于扩展学生思维的广度，给课堂教学注入生机，同时也为教师带来了教学便利。运用、制作以及使用微课的过程也促进了教师专业化的成长。

一开始接触微课，感觉陌生，不知道该如何下手，停留在如何录制一个好的微课这一环节，容易随意地选取某个内容下手，一切为比赛服务。这样的微课比较碎片化，无法服务于自身课堂的教学，显得苍白孤立。后来我慢慢发现，微课其实是可以与课堂教学相融合的，我们可以将概念讲解、方法传授、经验分享等微课应用于我们的数学教学中，打破课堂40分钟的限制，将微课作为课堂教学的有效补充形式。在课堂教学中适当运用微课，并不是用微课取代课堂教学，而是让微课服务于课堂教学。以下是我的几点心得。

一、利用微课激发学生的学习兴趣

基于小学生好玩好动，好奇心强的特点，在小学数学课堂中利用微课创设生动活泼的教学情境，利用声音、图像等视觉、听觉冲击，可以轻松吸引学生的注意力，激发学生的学习兴趣。例如，在北师大版四年级"三角形的内角和"的教授中，我在微课中分别将直角三角形、锐角三角形和钝角三角形拟人化，让学生争辩谁的内角和比较大。生动形象的画面，活泼有趣的语言一下子就引起学生的注意，激发学生的对三角形内角和的学习兴趣。微课结束后，我顺势就"谁的内角和比较大"的问题引导学生进行合作探究，让学生带着疑问学习，调动学生的学习热情。利用微课创设生动的教学情境在小学低年级应用得较多，教师可根据学生的年龄特征和课型需要进行自主设计。

二、利用微课突破课堂教学的难点

小学数学课堂中可以利用微课来突破课堂教学的重难点。例如，"数图形的学问"一课，我与学生一起探究出有序数线段的方法，体会有序思考才能做到不重不漏的数学思想。而本节课的难点在于线段上有多个端点时如何能快速准确数出线段的数量。在教授时，我制作了微课来解决这个问题。微课图像中，每增加一个端点，会多几条线段。学生观看形象具体的微课后，很快就会发现线段的数量与端点的个数之间是有规律存在的。然后我增加到3个端点，让学生以学习小组形式进行研究。在学生初步有了猜想后，我再次通过微课验证，不仅培养了学生自主学习的能力，提升学生学习自信心，也成功突破了这节课的难点。

三、利用微课化解抽象的数学问题

学生在数学的学习过程中会碰上比较抽象的数学问题。有时候教师的多次讲解，教具的演示，都无法兼顾所有同学，仍有部分学生一知半解。但课堂教学时间有限，学生对知识掌握不明确。这个时候如果通过微课，将抽象的问题形象化，则可以有效解决问题。例如，"正方体的展开图"一课，对于小学生来说比较抽象，需要学生具有一定的空间想象力。我借助微课的录制，将一个正方体逐步展开，一步步展示在同学们的面前，同时配以讲解，使学生看得更清楚了。如在教授"公顷和平方千米"这节抽象的课时，我用微课从小的面积单位到大的面积单元逐步演示，让学生感受到公顷和平方千米有多大、这样既直观生动，又能弥补课堂时间上、空间上的不足，将教学内容形象化，达到全面化的教学效果。

四、利用微课巩固数学知识，提高学生的自主学习能力

微课可以为学生巩固课堂知识、复习及查漏补缺提供方便。教师可制作

知识点讲解、典型例题解题思路的微课，让学生结合自己的实际情况，自主观看学习。学生若有遗忘或没了解知识点，可以通过观看教师的讲解过程再次学习。微课短小精悍，针对性强，有助于学生及时查阅进行强化巩固，是课堂学习的重要补充资源，能给予学生更大的自主学习空间。

五、微课对教师专业成长的意义

微课不仅是教育教学的辅助工具，更是教师专业成长的助推器。一个成熟的微课通常要能解决一节课中的重难点、疑点，或者能归纳教材中繁杂的知识点，内容上还要言简意赅。作为年轻教师，有时候不能准确把握教学中的重难点，但通过观摩学习一线教师的微课，查看教案、课件等辅助资源，也能迅速掌握要点，积累知识经验。因此，微课不失为新教师成长的好助力。微课的研发主体是一线教师。要制作微课，教师须对教学内容和教学语言进行深入研究、挖掘，反复推敲，制订出符合学生需求的教学方案，这就需要教师对教材知识点进行清晰把握。这是对教师教学经验、教学技能的一次考验，要求教师从教育教学的执行者变为课程的研究者和开发者，不断深入反思，不断归纳总结，这也有利于促进教师的专业化成长。

微课作为信息技术与教育领域相结合的产物，正在不断革新我们的教育教学方式。对于学生来说，微课程打破了学生学习的时间空间限制，改变了学生的学习方式，给学生带来了更大的自主学习空间。对于教师来说，制作微课充分锻炼了教师的教学能力。教师科学运用微课，将教育教学与微课结合，是对传统课堂教学的一种重要补充和拓展，是对教学手段的创新，有利于促进教师专业化发展。

浅谈小学数学微课在教学应用中的实际案例

龙岗区贤义外国语学校　陈纯子

一、合理选材，微课助力学生课前自主学习

在四年级上册第三单元"卫星运行时间"一课中，教材利用卫星运行的具体情境，引出三位数乘两位数乘法知识点的学习。在学习本节课之前，学生在三年级已经学习了两位数乘两位数的计算，对于解决计算问题常用的竖式计算方、拆分法、表格法、圈点子图均已经熟悉，而本节课大部分的知识是通过知识的类比迁移来完成学习的。根据本节课的特点，我设计了一个时长大约5分钟的微课，用于学生课前的自主学习，主要知识点是学习三位数乘两位数的竖式计算。

在微课中，我同样利用人造地球卫星绕地球旋转作为情境，提出问题："我国人造卫星绕地球转一圈需要114分，绕地球转21圈需要多长的时间？"让学生在列出算式后，学会进行适当估算，并重点掌握在求解过程中，114×1求的是什么，114×21求的是什么，最后完成微课学习任务单。

在实际上课时，我是这样安排的：

（1）让学生在小组内互相批改微课学习任务单，进行小组汇报。重点汇报114×21竖式计算中的228、2394是怎么来的。

（2）出示变式练习121×24，首先让学生进行适当的估算，然后再让学生自主进行竖式计算。

（3）探究135×74有进位的竖式计算，让学生先独立计算，在进行小组交流，最后汇报。

（4）总结计算的算法，再进行分层练习。

由于"卫星运行时间"一课的知识类比迁移性较强，学生课前的知识储备量充足，所以利用微课让学生自主进行课前学习，既可以省去课堂教学中较为烦琐重复的知识点教学，同时也可以极大地释放学生自主学习的天性，达到翻转课堂的效果。

二、合理设置练习情境，微课维持课堂温度

心理学家研究发现，学生的注意力是随着教师讲课时间变化而变化的。讲课开始时学生的注意力逐渐增强，中间有一段时间注意力是能够维持不变的，但是在课堂开始20分钟后，学生的注意力开始减弱。因此如何让学生保持足够的注意力，维持课堂的温度也是教师经常思索的问题。

在教学小学一年级"数学好玩·分扣子"这一课时，我的教学目标是引导学生按照不同的标准对扣子进行分类，理解在不同的分类标准下，分出来的结果可能不同，但是如果一直分下去，最后的结果是相同的。在本节课中，我是这样安排的：谈话引入—分扣子、学新知—巧破案、固新知。课程开始时学生通过实践活动分扣子，理解分类标准不同，分出的结果可能不同，但是如果一直分下去，最后分的结果是相同的。此时课堂已经过去20多分钟，为了让学生能够继续维持注意力，在巩固练习部分我设计了一个抓小偷的微课：

疯狂动物城里的小兔朱迪想要成为一名真正的警察，牛警官给她提出了一个大难题，那就是要找到盗窃银行的真正的小偷。小偷藏在一群特点不同的动物之中，而小兔朱迪有提3个问题的机会，3个问题问过后就必须要找到真凶。第一个问题小兔朱迪是这样问的："这个小偷有没有戴帽子？"牛警官回答："有。"这样我们就可将动物分为有戴帽子和没有戴帽子两类，还可将没有戴帽子的小动物排除在外。那么接下来的两个问题，你们知道朱迪该怎样问吗？

我通过这样一个有趣的动画微课，将练习呈现给了学生们。学生们都非常踊跃地想要找到真正的凶手，并积极参加到小组的讨论当中，最后发现接下来的两个问题还可以这样提问：小偷有没有尾巴？这就可以将剩下的动物

分为有尾巴和没有尾巴的两类。牛警官给的回答是："有"。学生又问：这个小偷有没有尖牙？牛警官给的回答是："没有。"最终学生齐心协力在一次又一次分类后，终于将小偷抓住。

在巩固练习阶段通过微课创设有趣的练习情境，既可以给予课堂一点轻松的氛围，重新集中学生的注意力，也能够加强学生对练习掌握程度，促进知识的内化。

三、课外拓展，文化微课提升学生数学素养

任何一个数学知识的产生都有独特的历史背景，教学"比"的时候可以和学生探讨关于黄金比例的认识；教学圆的认识的时候，可以和学生探讨我国古代的割圆术；学习九九乘法表的时候可以探讨我国古代关于九九表的历史。只有让学生了解一定的数学文化历史，学生才会真正了解数学的内涵，真正爱上数学！

因此在教学二年级6—9的乘法口诀时，我制作了这样节微课。我在微课中介绍了九九表早在我国古代春秋战国时期就已经广为流传，并且还有"小九九""九九歌"等有趣的称呼。同时，九九表在我国的许多古典文学著作中也出现过，比如《西游记》中孙悟空不管三七二十一，见到妖怪就打；孙悟空会八九七十二变，猪八戒会四九三十六变；等等。

利用微课向学生呈现不同数学知识点的历史，既能够丰富学生的数学素养，也能够让学生对知识点的认识更加深刻。

不同的数学课有着不同的特点，要想让小学数学微课与数学课堂真正有机融合在一起，还需要教师根据不同的课堂特点，不同的学情进行设计。相信好的数学微课定能够改善传统课堂的不足，让学生重新爱上数学课堂，真正做到学数学，用数学。

微课点燃课堂

——微课在低年段数学教学中的应用

深圳市龙岗区星河实验小学　黄燕婷

随着现代信息技术的发展，教育教学方式更为多元化，作为一种新的教学手段——微课，开始出现在课堂教学中，并取得了一定的教学成效。与传统课堂教学相比，微课的形式更为灵活，内容更为有趣，知识的针对性也更强，特别是在小学数学教学中，科学合理地应用微课，可以有效地调动学生学习的主动性，提高学习效率。

微课是以视频的形式为学生构建个性化学习平台，学生可以自由选择微课内容进行自主学习，且学习的时间和方式由自己来决定，这也在一定程度上调动了学生的学习主动性，凸显了其学习主体地位。在小学数学教学中应用微课，不仅可以帮助学生在自主学习中查漏补缺，还可以通过对知识点的针对性讲解拓展学生思维，促进学生更好地发展。

一、微课走在课前——让学生带着问题进课堂

在教授一年级下册《观察物体》的第二课时"看一看（二）"时，大部分学生对从上面、前面、后面观察到的物体的特征都能清楚辨认，但是对于一个物体从左边观察和从右边观察的特征，许多学生上完课后会混淆。即便我加几个课时教学，在课堂不断强调，许多学生还是无法理解从左边观察和右边观察物体特征的区别。因此我设计了这样一个微课：视频中出现两位同学在观察同一个水壶，神奇的事情发生了。为什么两位同学观察到的水壶的

壶嘴的方向不一样呢？我先引发学生思考。然后鼓励学生在家里拿着家里的水杯、水壶等物体观察看看。

通过观看微课，学生在课前就产生了质疑，带着质疑，学生马上在家里找到相应的物体进行观察。相信学生在家中积累了丰富的观察经验之后，这个教学的"疑难杂症"就会不攻自破。个别有疑问的同学，在课上经同学之间互相讨论，教学难点在生生互动中也就被自然而然地攻破了。

二、微课走进课堂——引发认知冲突，点燃课堂讨论

北师大版小学《数学》一年级上册第八单元《认识钟表》第一课时"小明的一天"的重点是认识整时和半时，难点是半时的时候，时钟指针应该在什么位置。比如八时半，有些学生认为时针应指着八，有些学生认为时针应指着九。针对学生的这一困惑。我录制了这样一个微课：九月一号开学啦！老师请班上离家比较近的几位同学到班级打扫卫生，时间为9：00。小玲同学一起床看到钟面上的时针指在8和9的中间，哭着说：怎么办，已经九点半了，已经迟到了！

在这个小视频中，我特意选了班上的一名学生做小演员。激发学生的兴趣，吸引学生的注意力。

最后我将视频定格在钟面上。引发学生聚焦讨论：时针指在8和9的中间，分针指着6到底是8时半还是9时半。

让学生借助鲜活的数学情境进行激烈的讨论，就是这个微课成功之处。

三、微课放在课后——让数学思考走出课堂

在教学北师大版二年级下册《数学》第六单元"平行四边形"这节课时，我在新课结束后，播放了一个微课。视频中有许多生活中常见的平行四边形。这些丰富的实例让学生进一步认识生活中的平行四边形，使抽象的平面图形回归生活。最后，提出问题，生活中还有许多有趣的四边形，你能找一找在哪里吗？让学生带着这样的数学思考走出课堂，走进生活中的数学。

在下一节课上，学生在课堂上再次分享自己在生活中的所见所闻时，就有更多四边形的实例进入课堂，丰富大家对四边形的认识。

四、好玩的微课，让孩子在玩中学

教师们都知道一年级数学教学中20以内的加减法是教学的重中之重。打好20以内加减法的基础对学生后续学习有重要的作用。然而，20以内进位加和退位减又是难点，那有什么好办法能代替较为枯燥的训练呢？

为此，我设计了一个微课，以春节为时间背景，内容为亲戚家的孩子们在玩扑克牌游戏。游戏规则是这样的：两张扑克牌加起来谁的数字大的胜一次，胜出的一方可以拿到对方的扑克牌，最后谁的扑克牌最好，谁就是总冠军。

当然，还有减法游戏：两张扑克牌相减（大数减小数），谁的结果大，谁就可以拿走对方的扑克牌。最后谁的扑克牌多谁就胜出。

通过这样刺激又有挑战性的扑克牌游戏，学生在有趣味的扑克牌游戏中不知不觉熟练了20以内的加减法。

总之，微课形式新颖、灵活生动，深受师生喜爱，并被广泛应用。作为一种新的教学方式，微课是对传统教学方式的有效补充，其在小学数学教学中的应用契合小学生的学习特点，也丰富了数学课程的表现形式，为教学注入了新的活力。教师应加强对微课应用的研究与探讨，总结经验，推陈出新，不断提高小学数学教学的质量和效率。

微课在小学数学教学中的应用

深圳市龙岗区华南师范大学附属龙岗小学 王雅静

一、利用微课激发学生的学习兴趣

微课，作为一种新兴的教学媒介，其作用远远不止让学生进行课前自学。由于微课具有短小精悍的特点，所以教师还可以根据课堂需要随时将其穿插于课堂环节中，将其变为强调重点、突破难点的重要利器，突显数学知识中的亮点，让学生的学习兴趣一点点被激发。

例如，在小学《数学》"圆的面积"的教学中，就可以借助微课的画面形式进行圆的立体展示，让学生在视觉的冲击下感知圆的立体图像，学习不再抽象！

二、利用微课创设教学情境

在小学阶段，学生的年龄都比较小，他们的认知能力和理解能力程度较低，尤其面对一些抽象问题的时候，会比较难以理解。而在小学数学的课程中，恰恰有一些知识会比较抽象，所以教师在教学时，可以利用微课来创设生活教学情境，以实际生活情境为基础来让小学生学习和理解数学知识，并进行有效的逻辑思维训练。

例如，教学一年级"整理房间"这一课，一年级孩子年龄很小，所以教师在教学时，可以采用微课教学，在视频中多增加现实生活中的内容，如服装店、菜市场、超市等都是分类摆放的，以此创设生活情境。通过这样的教学形式，来训练学生的分类和比较逻辑思维能力。

三、利用微课培养学生的自主学习能力

在如今的教育教学模式中，我们越来越重视学生在学习中的主体地位。而微课作为一种良好的教学资源，不断地翻转课堂教育教学模式中，充分体现学生在自主学习的方式方法下能够掌握更多更有用的新知识，从而不断地提高学习积极性和兴趣。

例如，面对问题"怎样通过角度来对物体方向进行描述和阐述"，就可以利用微课来解释相关知识。学生在学习相关微课后，就能减少困惑，从而能够更加直观以及更轻松地理解并掌握教学内容。

四、利用微课聚焦重难点，提高针对性

微课最大的优势是时间短，内容集中，主体鲜明。数学教师在教学时，可利用微课这些优势，聚焦数学课堂，突出数学学习中的重难点。一节优质的数学课首先要做到的就是突出重点，所以教师要善于运用微课，突出数学课堂上的重点，使学生形成目标意识。学习中能抓住重点，才能提升数学学习的有效性。在数学课堂上还有至关重要的一点，即要突破重点。教师要发挥微课教学模式主题突出的优势，将教学的难点整合在微课中，细化难点突破的过程，帮助小学生养成良好的解题思路和善于思考的习惯。只有突破教学难点，才能提升学生运用数学知识的能力。

例如，"条形统计图和折线统计图"这一课，教师可以事先录好视频，将这一周的天气温度进行展示，运用折线图来体现出这一周的降雨量，学生们通过对比图形，明白了这之间的区别和关联，很准确地将数学知识和现实生活进行结合，从而能很积极地去学习数学知识。

五、利用微课自主调节学习进度

在"微课"出现之前，我们利用PPT来制作课件时，总会受到各种条件的限制，或者由于技术的原因，教师总是不能把心里的想法全部展现出来。而现在有了微课，教师可以把想要表达的想法在课中完全展现出来。即使身边只有一张白纸、一支笔，也可以把讲解这道题的思路录下来，这样学生看过

之后，思路就会十分清晰，而且这样学生的学习时间就会更自由，不需要像以前那样只跟着教师的进度走，而且，学生在利用微课学习的过程中，可以根据自己的实际情况，选择视频播放的进度。自己已经掌握的就可以快进，听不明白的便可以反复播放，直到学会为止。

例如，在"加、减、乘、除的混合运算"这一课中，由于学生对顺序的计算总会搞不清，那么教师就可以把这一课比较难的知识点做成微课，学生不明白时便可以反复使用，大大地减轻了教师的负担。

综上所述，微课是信息技术和学科结合到一起而形成的全新事物，在学校信息化教学的进程中承担着重要的角色。教师在课堂教学中要根据数学学科和微课的特点安排教学内容，不断提高小学生的数学思维能力，提高课堂教学效率。当然，值得教师注意的是，微课也不能过多和不分场合地使用，要学会巧妙地使用微课。我们相信在微课的推广和应用下，小学数学教学质量将会得到明显的提升！

"简约"让快乐和成长共存

——借助微课，让课堂简约、高效

深圳市龙岗区坪地街道中心小学　陈浩锐

何谓简约？在很多人看来就是减少一些知识点、教学环节和教学活动。其实不然。早在两千多年前我国的第一篇教育论文《学记》中已有所记载："约而达，微而臧。"这就是关于简约的重要论述。"简约教学"是一种以生为本，追求教学本质和课堂高效的教学方法。而借助"微课"进行教学，是一种课堂教学突破，可以让学生在轻松快乐的氛围中学习。微课，作为一种以微视频为基础平台的教学方式，凭借其简约性、广泛性、生动性等，在小学数学教学中有效突出了教学的重难点，同时切实融合多种数学知识点及实践教学能力，极大地提高了学生学习的主动性，有效地达到了传授知识、鼓励学生学习等教学目标。下面我将从三个方面来浅谈结合微课进行简约教学对我们现在的孩子和小学数学课堂的影响。

一、借助微课，简在当下，乐在其中

简约教学与"烦琐教学"相对应。就目前的课堂而言，我们很多教师在上课时，特别是在上一些示范课和公开课时，只注重追求课堂的标新立异，追求课堂的"山穷水尽疑无路，柳暗花明又一村"。有些教师设计的教学活动还在围绕教材兜圈子，不能做到用教材教，使学生和教师减负的工作不能得以实现。其实可以设计有趣的微课帮助教学，让学生在轻松的环境中进行学习，这样的"简约教学"可以解放学生，更可以解放教师。

例如，李老师在"方向与位置"一课中，设计了这样段一微课：利用学生熟悉的熊大、熊二动画人物，先调动学生学习的积极性。接着创设了熊二要找蜂蜜的情境，让熊大和熊二进行对话。之后让学生通过观看熊大和熊二为了找到蜂蜜而进行争吵的画面充分思考、讨论，并尽情地去表达自己内心的想法。老师只是在旁边帮忙演示并不断地创设冲突，让学生着急起来，逼着学生去思考，去表达，剩下就是学生自己去发现和探索了。教师在整个过程中没有讲太多，引导太多，只是不断制造冲突。课堂看似简单，实际都指向学生的内心深处，学生在不知不觉中，快乐地掌握了本节课的重难点，教师也得到了解放。这应该就是简约教学的本质所在。

二、借助微课，简在当下，厚积薄发

简约教学的最高境界是简约而不简单，简约是一种境界，一种韵味，简约背后是大气、精要、深刻、智慧，也是超越，这样的课堂将会带给学生如秋天天空一般明净澄澈的感受，让人心旷神怡，浮想联翩。对小学数学的学习并不仅仅是为了掌握知识，同时还有对思维的培养。微课的运用可以有效营造良好的学习氛围，在这种氛围下，学生会自然而然地放松自己紧张的学习心情，走入与其他学生的交流圈，并在活跃的氛围下和教师的引导中打开自己的思维，从多角度出发，去思考问题。当学生在交流中实现思维的碰撞时，学生就会更加深刻地理解和掌握数学知识，并感受到数学带来的魅力，进而实现数学素养的提升。

例如在"平行四边面积"这节课中，陈老师先设计了这样的微课：让学生欣赏一些美丽图形的拆拼过程。这些图形都是由普通的图形组成的，通过看视频学生心里有了一定拼凑意识。接着只要引导学生把问题归入原有的知识体系中，在充分的实践活动中，给学生足够的自主学习、小组讨论的时间，让学生独自去探究和经历知识的形成过程，尝试找到推导平行四边形面积计算公式的方法，体验数学思想的形成过程，感受数学"转化"思想的魅力。在进行讨论学习时，可以引导学生学习并利用微视频中的方法对还没学的平行四边形进行转化，最终通过剪拼的方法转化为学过的长方形。此时学生发现长方形的长相当于平行四边形的底，长方形的宽相当于平行四边的高，再由"长方形的面积＝长×宽",从而得到"平行四边形的面积＝底×高"。

之后,再通过一个微视频来进行检验,看看学生的想法是否正确,这样,不仅学生的学习积极性被调动了起来,同时学生进行思考的空间和时间也增加了,学生的思维能力和交流能力也有了显著的提高。在小学数学教学时,为了更好地培养学生的思维能力、增强学生的数学素养,教师要善用微课,借助微课将声音、文字、图片、视频等结合在一起,充分调动学生感官,实现多种感官的共同运用。同时,充分利用微课内容精、时间短、重点突出的特点,帮助抽象思维较弱的小学生进行思考和理解,解决学习过程中遇到的疑难问题,使想象能力和创新能力得以充分的开发,为后续学习三角形、梯形等图形面积奠定基础。学生通过本课学习不仅学会数学中非常重要的转化思想,还能迁移到其他知识的学习,达到举一反三的效果。

三、借助微课,简约而不简单

所谓简约教学,并不是否定教材文本另起炉灶,而是要求教师在数学课堂中,学会做减法。微课是信息技术和教育融合发展的产物,不同于传统课堂教学。微课巧妙地结合了声音、图片、文字和动漫等多种要素,利用动画卡通、电子特效等形式,形成了一个充满活力且丰富多彩的课堂。在带给学生耳目一新的感官享受的同时,还巧妙地运用思维导图的形式,更加简洁明了地向学生展示知识点间的逻辑联系。同时具有重复播放的功能,有利于不同学习水平的学生根据自身学习需求重复观看,达到强化和巩固知识的目的。

例如,我在教三年级上册第六单元"估算"的综合应用课时,为了能让学生"乐学、会学、能用",我利用微课设计了这样一节课:首先让学生观看微课,一起复习学过的计算,如口算、笔算(包括竖式计算、脱式计算、分步计算等)。然后,再追问学生是否还记得有一种计算,那就是估算。接着创设某班级讨论去看电影的情境,让学生边看边思考,计划集体外出看电影应该考虑哪些问题——安全问题和座位问题,如参加活动的是四、五、六3个年级,每个年级有4个班,每个班有38名学生,电影院有500个座位,够坐吗?——租车问题,如四、五、六3个年级一共有456名学生,如果租8辆53座的大巴车和2辆30座的中巴车,够坐吗?——购票问题,如每个年级有4个班，每个班有38名同学，团购买票是每人5元，计划每个年级给800元买票够不够？实际花了多少钱？——用餐问题，如每个年级有4个班，每个班有38名同学，团购吃饭每人8元，每个年级用餐需要花多少钱？最后让学生分小组进行讨论如何解决这些问题。由于这几个问题串是通过微视频的形式呈现出来的，学生比较乐意接受，会比较积极地进行讨论分析。问题是层层递进的，而且有些问题用估算方法来解决更好，有些问题用计算方法来解决更好。这样一节课下来，看似简单，但是其中却涉及学生的组织统筹能力、估算能力、计算能力和应用能力等。课程设计简单，但是学生学起来感兴趣，有收获，也使得数学课堂更鲜活和灵动。

总而言之，"简约"应该成为一种思维习惯，微课在小学数学教学中的运用，不仅增加学生学习兴趣，而且提高课堂效率，让学生能更好地进行知识学习。但是在小学数学教学中如何利用好这一技术，需要教师与教育研究者做进一步探究。在如今小学数学课堂中，教师需要提高微课课件内容质量，控制好上课节奏，推动学生更好地学习数学，为将来更好地发展奠定基础。

小学数学课堂在微课教学中
"智趣"探究学习

深圳市龙岗区布吉文景小学　冯　洋

　　数学是我国小学课堂一门基础性学科，随着现代教育的发展，传统的灌输式教学思维已经远远落后于当前社会经济的发展水平。2001年，我国启动新课程改革，提出要打破传统教学模式，遵循现代教育的发展趋势，培养学生自主学习的能力，注重开发学生的智慧潜能，并把创新精神和实践能力作为教学的重点。探究性学习活动可满足当下教学发展需求。在教学活动中，选择学生喜闻乐见的微课学习方法，会使其在参与过程中感受到探究、思考和创造的乐趣，从而形成积极探索和努力创造的心态，同时学生也会不断增强自主学习和探究学习的意识，提高综合运用数学知识解决问题的能力。因此，在数学这门基础性学科下，教师在教学过程中，要结合教学内容，利用微课教学，并充分考虑学生认知方面的特点，尊重学生个性，注重开发人的潜能。

一、结合现实生活设置"智趣"情境引入微课视频，激发兴趣

　　新知识的学习有时是比较枯燥无味的，尤其数学这门与数字打交道的学科，一眼望去的数字只会使学生产生无趣和排斥感。而在课堂教学过程中，通过微课设置情境，可以激发学生探究性学习热情，充分调动他们学习的积

极性，并能够使学生在学习中产生暗含一种迫切探求新知识的欲望。在教学过程中，教师可将某些知识点，暗含在某些特定的微课中。比如，学生在实践过程中经常遇到的一些问题，教师可通过模型或者情境将其再现，让学生有身临其境的感觉，从而体会到数学其实跟我们的实际生活息息相关。学生运用数学知识，通过自主探究，可以培养解决问题的能力。

在教学北师大版小学《数学》四年级上册的"温度"一课时，我充分落实简约教学的理念，通过在微课学习中创设去旅游的情境，激发了学生学习兴趣。学生体会学习负数的必要性，学会用"+"和"-"来表示零下温度和零上温度。通过提问，引发学生的积极思考。同时，对于一些比较容易混淆的概念，可通过创设情境或悬念的方式，激发学生探究的积极性和欲望，诱导学生产生利用已有的知识经验探究解决问题的策略和获得新知识的强烈愿望，并自觉地运用数学思维观察和解决生活中的实际问题（如图1）。

图1　学生根据微课所提出的问题进行回答

二、根据学生特点，进行"微课智趣"探究性学习设计

小学这个阶段学生的年龄跨度比较大，从6～12岁这个年龄段，学生的认知能力和心理特点各不相同，所以数学教师在教学设计时，也要根据学生的认知规律进行设计。比如小学一、二年级的学生对色彩、声音还有颜色比较敏感，教师在教学过程中，应该注意课堂的趣味性和生动性，可通过微课教学，引导学生积极思考，活跃班级学习气氛。在学习"温度"这一课时，微课引导学生根据地理位置和穿着进行第二次有目的的"猜一猜"，学生会

用"–"表示零下温度，并感受0摄氏度以下的温度。通过这样不同的学习设计，调动学生学习数学的积极性，让每个学生都能开动脑筋去理解和探究数学知识（如图2）。

图2　今天北京的气温是多少呢?

三、在微课的教学中引导学生分组合作

一个人的力量是有限的，所以我们要学会与人的合作，尤其在教育教学中，教师要指导学生体会群体的无穷力量，从而培养学生合作精神。在学习"温度"这一课的难点时，教师应结合分组合作等让学生进行探究性学习。学生通过比较及动手在温度计学具上拨一拨城市的温度，不仅感受到正负数与0的位置关系，同时也会形象地感受到正数都在零的上面，负数都在零的下面，以及温度计上的温度越往上温度越高，越往下温度越低（如图3）。在进行全班汇报交流时，学生对不理解或是有疑问的地方可向主讲学生进行提问，由主讲学生解答，也可以由其他同学来解决，从而真正形成学生之间的合作探究，充分体现生生互动的有效性。这种分小组合作和全班汇报的方式，让学生通过交流讨论，化被动为主动，提高学生的表达能力以及与他人合作的能力。

图3 学生动手拨一拨温度

四、让学生进行探究性体验式学习

"纸上得来终觉浅，绝知此事要躬行。"数学是一门逻辑性比较强的学科，有些时候一些概念只是通过文字的定义并不能让学生真正了解和理解，在教学过程中，教师要让学生真正经历数学知识的形成过程，在实践探究中运用知识、盘活知识，通过探究再学习、再探索、再提高。在"温度"这一课学习零摄氏度时，我利用冰水混合物等教具，让学生在真正的探究式体验学习中学习到知识。通过此探究性体验式的学习，学生会有豁然开朗的清晰感，并对数学这门学科的奇妙性越发感兴趣，更重要的是在解决生活中实际问题时学会数学基础知识。这样的教学方式让学生在和谐的探究中体验、感悟和认知，使其自主学习能力得到显著提高，同时大大提高了数学课堂的教学效率。

五、结 语

微课教学体现了当前我们的教育理念，那就是以人为本。学生是学习的主人，教学要立足学生，让学生在教师的引导下，积极参与教学过程。因此教师要引导学生积极思考，调动学生学习的热情，创设"微课智趣"的探究活动，培养学生的数学思维和解决实际问题的能力，从而真正提高学生的学习效率，主动进行探究性学习，紧密联系生活实际。教师在进行微课教学活动设计时，要精心准备尽可能思考多种教学方案，多采用同课异构的教学设计，这样才能保证课堂的灵活开放，真正提高学生探究性学习的素养，也提高了我们的课堂的学习效率。

小而美的微课程

——浅谈微课程在小学数学教学中的应用价值

深圳市龙岗区布吉贤义外国语学校 李雪云

在科技日新月异的今天，丰富的现代信息技术和教育资源在教育中的广泛运用，给传统教育教学带来新的挑战。如今，"微课程"正以它特有的教学价值，受到越来越多教育工作者的关注。本文在分析微课程特点、使用现状、课程制作的基础上，谈谈微课程在小学数学教学中的应用价值。

一、微课程的特点

本文所说的微课程，是指基于特定的某教学知识点或内容，将该知识点的教或学的过程运用手机等设备录制为视频，再利用多媒体信息技术，将录制的视频整合优化成便于学习交流的视频课程。微课程具有短小精悍、类型丰富、主题突出、针对性强等特点。

二、微课程在小学数学教学中的运用现状及原因分析

1. 微课程的制作是一门高深的技术，耗时耗力

微课程是近几年逐渐流行起来的教学模式，产生的时间相对较短，尚未全面普及。微课程的优势大家有目共睹，但是，一想到制作微课程，很多教师就打起了退堂鼓，多数教师习惯了传统的教学模式，觉得微课程制作是一门高深的技术，对微课程敬而远之。

2. 运用形式单一，没有全方位发挥微课程的价值

在教学方式上，微课程属于一种具有创新意识的教学手段，部分教师虽然在教学中偶尔应用到微课程，但仅仅作为一种新奇手段激发学生的好奇心，让学生像"看热闹"一样看待微课程，而没有从多角度发挥微课程应有的价值。

三、如何突破微课程制作方面的困惑

很多教师看到精美绝伦的微课程，虽然认可微课程的价值，但由于对微课程的制作方法不熟悉，只能望洋兴叹。其实，微课程的制作并没有想象中那么高深，只需要主动参加一次微课程制作培训活动，或者阅读一本制作微课程方面的书籍，就能基本掌握微课程的制作方法，教师们不妨大胆尝试。如果能建立或者加入一个微课程团队，那么，你会发现一片更广阔的微课程教学天地。

此外，随着微课程的普及，网络上已经出现了很多制作精良而且免费的微课程，比如"洋葱数学"APP，新世纪小学数学网，秒懂百科上面都有许多丰富的资源值得我们参考和加以利用。

四、微课程在小学数学教育教学方面的应用价值分析

1. 提升数学课堂教学效果，激发学生学习兴趣

例如，在上北师大版六年级下册"圆锥的体积"一课时，我通过播放微课程"圆锥体积实验"来梳理和总结实验结果，既有效控制了时间，又克服了学生观察操作时的视觉盲点问题。在上北师大版四年级《数学》上册"卫星运行时间"一课时，我以秒懂百科中的视频"一分钟了解卫星"引出课题，短短一分钟，学生就能通过形象生动的微课程多角度了解卫星是什么，扫清了认知障碍。在上北师大版四年级《数学》上册的"编码"一课时，我在课堂小结与拓展阶段，播放图文并茂的微课程"生活中的编码"，阐述编码在实际生活中的广泛用途。相比传统的图片或文字的教学媒介，微课程将许多静态的数学知识转化为动态的知识呈现给学生，充分调动了学生的多种感官参与学习，极大地激发了学生的好奇心与学习数学的兴趣。

2. 打破课堂时间、空间限制，制订个性化学习方案

一节数学课只有短短的40分钟，而学生注意力一般只能维持10分钟左右，在教学内容较多或较难时，部分学习能力不强的学生是不能够很快消化全部知识点的。而微课程较好地弥补了这一不足。微课程除了可以在课堂上使用外，也可以在课后帮助学生通过微课程进行温习。比如画平行线、画角等操作题，需要按照一定的步骤，才能准确完成，不是每个学生都能够一看就懂，一学就会的。借助微课程，学生可以反复学习，从而较好地解决后进生的转化问题。对于学习能力比较强的学生，一节课的内容是吃不饱的，学生可以根据自身能力，选择更细化的微课程，拓展提升，深入学习。

3. 提高教育教学水平，做一名终身学习的教师

制作微课程的过程中也是一个不断自我反思、自我学习的过程。教师通过录制相应的教学视频，可以不断加深自己对数学课本知识结构的理解；同时在录制的过程中也可以不断发现自己在教学中存在的问题，对这些出现的问题加以分析，不断总结出更好的方法，帮助学生解决问题，便于学生更好地理解，增加学生对知识的储备量，提高教学效果。教师可以把实际教学中发现的普遍存在的问题制成微课程，积累教学资源，方便分享和交流。微课程的应用，既能减轻教师的负担，又能有效促进教师的教学成长，提高教师教育教学水平。

五、结 语

微课程虽微，但它很美，无论是应用于课堂教学、学生课外学习，还是为教师的发展，都值得我们每个教育工作者去研究。

论微课在小学数学教学中的有效应用

深圳市龙岗区清林小学教师　陈思思

　　微课是指基于教学设计思想，运用多媒体技术用5～10分钟左右的时间，就一个知识点进行针对性讲解的一段视频。微课是一种现代教学资源，符合小学生的学习特点。微课技术可以营造生动的课堂环境，拓展知识，增强师生互动，是对传统教学模式的有益补充。

　　微课技术是新课程改革背景下的一项新兴的教学辅助手段，受到了广大教师的热捧，在先进的基础教育课堂得到了广泛的使用。在这个"全民微课"的时代，如何更好地应用微课辅助课堂教学是许多小学数学教师关注的焦点。微课应该用在什么时间点，用在哪些知识点是教师们的主要疑问。本文就以上问题进行探讨，与大家分享一些开发微课的思路。

一、用于预习的教材解读型微课

　　预习是指在新授课之前进行自学，储备相关知识，了解相关内容，进行相关思考，以便更好地理解即将学习的知识，达到更好的学习效果。它既是一种科学的学习方法，同时也是一种良好的学习习惯。

　　传统的预习方式有阅读教材、查阅资料、动手实践等，具有一定的局限性。微课突破传统预习方式的局限，借助生动有趣、提要精练的动画视频，把难懂、枯燥的学习内容变得活灵活现，帮助学生理顺脉络，使学生对新课有整体的了解，做到心中有数，听起课来如鱼得水，对激发学生自主学习的潜力事半功倍。例如，北师大版教材一年级上册《认识钟表》一课，在教学中我发现，虽然学生在生活中经常看到钟表，但他们对钟表上的核心要素不太熟悉。鉴于此，我制作了用于本课预习的微课。视频显示一个静止的钟面，设问钟面上有哪些数字？有几个大格？有几根针？针分别"长"什么样子？再出示一个有时针分针转动的钟面（比正常转速快），让学生观察时针分针的转动规律。设问分针转一圈，时针怎么转？分针转半圈，时针怎么转？学生边观察，边思考。通过微课预习，学生对钟表有了整体的感知，课堂上学生敢于说出自己的发现，学生学习积极性显著提高。在学习本课的重难点（整时和半时）时，学生也比往常能更轻松地理解和突破。

二、方法指导、习题精讲类微课

主题突出，短小精悍，有针对性是微课的主要特点。因此，微课尤其适合应用于方法指导、习题精讲类的教学设计。学生在课堂学习过程中，难免会出现未完全理解、掌握解题方法，或课后遗忘知识点等情况。针对以上情况制作的微课是学生课后自主复习，家长进行家庭辅导的最佳素材。制作微课再现教师的讲解过程，可使学生在课后能够进行二次学习，将知识点内化、促进理解，查漏补缺，加深记忆。

例如，北师大版教材四年级上册《线与角》一章，要求学生会画垂线和平行线，会量角、画角。这些内容是重点也是难点，学生需要多次复习强化才能完全掌握，因此我将以上内容提炼制作成系列微课供学生学习。以"如何量角"为例，我采用条理清晰，有层次的设计，先复习量角器各部分名称，再细致地一步步演示量角的过程。第一，点点重合；第二，边线重合；第三，看一条边读准刻度；第四，标刻度。最后选取"由于角的边不够长，不能判断对准哪条刻度"的题型，介绍"延长一条边"的方法来解决此类问题。生病缺课的学生和需要巩固复习的学生都能够在需要时随时观看此微课学习量角的方法。与之类似，我还制作了如何填涂答题卡、期末考点归纳、章节复习等微课。微课的出现很大程度上提高了学生的学习效率。

三、用于课外拓展的微课

数学学习不仅在课堂内，延伸至课堂外的部分也颇为重要。与课堂内容相关的课外知识因趣味性广泛而受到学生的欢迎。兴趣是最好的老师。适当地向学生呈现所学知识在生活中的应用、有趣的数学游戏、数学家的故事、数学的发展史等，不仅增添了学习的趣味性，也使学生了解了数学学科的起源与发展，从而更好地理解所学知识，体会到数学的有用性以及与生活的紧密联系，极大地提高了学生学习数学的积极性。

北师大版教材遵循"不同学生获得不同发展"的理念，不仅呈现了拓展性的问题和作业，而且提供了丰富的阅读材料，为学生提供个性化的学习机会。教材中的数学史内容十分丰富，主要集中在以"你知道吗""读一读 讲一讲""读一读 做一做"为标题的三个板块中以用简单的问题和图片形式呈现。课堂上讲到与"数"有关的数学史知识，例如"结绳计数""算筹"等时，学生十分有兴趣，但由于课堂时间、教材篇幅有限，学生常常意犹未尽。鉴于此，我将相关内容归纳整理，适当增减，选取生动有趣的图片、动画等素材，制作了《数的起源与发展》微课系列。《结绳计数——数的起源》《分数》《小数》《正负数》是这个微课系列中的四个专题。我以扫二维码的方式呈现这个微课系列，学生通过扫码的方式进入目录，在学习相关内容时，进入对应链接学习。通过系列微课的学习，学生不仅更好地认识"数"这个概念，理解不同进制，小数与分数的关系，而且提高了数学修养，体会到数学之美。

微课技术是一种现代技术，运用此技术制成的微课是现代教学所需的优质资源。微课凭借其主题突出的设计，生动灵活的表现力给教学带来了活力与生机，延展了教学的时间与空间，丰富了学生的学习形式，使数学知识充满趣味与魅力，极大地提高了学生的学习积极性。因此，作为一线教师的我们应当更积极地学习微课技术，不断更新知识，开发出更好的微课为教学所用。

转化思想，将复杂问题变简单

——利用微课增强学生的转化能力

深圳市龙岗区花城小学　刘 璨

转化思想是数学思想的重要组成部分。在小学数学中，主要表现为数学知识的某一形式向另一形式转变，即化新为旧、化繁为简、化曲为直、化数为形等。因此，我们在小学数学教学中，应当结合具体的教学内容，渗透数学转化思想，有意识地培养学生学会用"转化思想"解决问题。

例如利用微课进行平行四边形面积推导时，我先出示求出图形的面积，直接将"怎样计算平行四边形的面积"抛向学生，让学生独立自主地思考，让学生观察、联想，将新知与旧知进行联系。当学生将没有学过的平行四边形的面积计算转化成已经学过的长方形面积计算的时候，要让学生明确两个方面：

一是，体会转化的过程。微课可以直接将平行四边形转化成长方形的过程形象地体现出来。将平行四边形剪一剪、拼一拼，最后得到的长方形和原来的平行四边形的面积是相等的（等积转化）。此时，长方形的长就是原来平行四边形的底，宽就是原来的高，所以平行四边形的面积就等于底乘以高。

二是，反思"为什么要转化成长方形的面积"。因为长方形的面积我们先前已经会计算了，所以，将不会的生疏的知识转化成已经会了的、可以解决问题的知识，就可以解决新问题。随着教学的步步深入，转化思想也渐渐在学生们的头脑中形成。

在以后的教学过程中，要使学生养成一种习惯：学习新知识之前，先想一想能不能转化成已学过的旧知识。当遇到复杂问题时，先想一想，能不能转化成简单问题，能不能把抽象的内容转化成形象的知识。当学生发现这种思考的奥妙，体验到转化的乐趣，学生学习数学的兴趣会大大提高，解题能力也会相应提高，对转化思想的认识也会更成熟。

其实，转化的思想可应用于数学学习的各个领域，都是由已知的、简单的、具体的、基本的知识为基础，将未知的化为已知的，复杂的化为简单的，抽象的化为具体的，从而得出正确的解答。要想学生对转化思想有足够的认识，教师首先要有很高的数学素养和强大的数学转化能力，才能在和学生一起学习的过程中帮助学生夯实每一个转化细节。

小荷才露尖尖角

——例析"搭积木比赛"微课教学实践

深圳市龙岗区南湾丹竹头小学　刘文琪

"搭积木比赛"是北师大版六年级上册第三单元《观察物体》的第一课时，这节课的教学目标是学生能正确辨认从不同方向（正面、左面、上面）观察到的立体图形（5个小正方体组合）形状，并能画出相应的平面图形。教学难点是学生能够根据从正面、左面、上面观察到的平面图形还原立体图形（5个小正方体组合），进一步体会从三个方向观察就可以确定立体图形的形状，并能根据给定的从两个方向观察到的平面图形的形状，确定搭成这个立体图形所需要的正方体的数量范围，发展空间观念。这是在学生学习了从不同方向观察4个小正方体组合的立体图形形状的基础上，对从不同方向观察立体图形转化成平面图形的进一步深入和拓展，也是为初中学习从三个方向看物体的形状等知识奠定基础。因此本节课在教材中具有承上启下的作用。

微课以视频为主要载体，是一种特殊的教学方式，可以针对某一特定内容进行讲授，使复杂内容简单化，便于学生掌握方法。如何将微课应用到课堂教学中，为课堂教学服务？本文以"搭积木比赛"一课为例对微课教学方式进行尝试和探讨。

一、微课导入，创设情境，引导激疑

教材将本节内容分成三部分，即三个比赛。第一个比赛内容是画一画，要求学生从不同方向观察5个小正方体搭成的立体图形，画出所看到的平面图形的形状（如图1）。

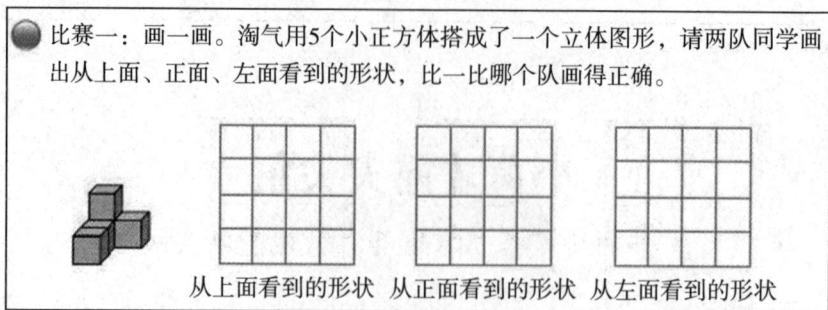

> ● 比赛一：画一画。淘气用5个小正方体搭成了一个立体图形，请两队同学画出从上面、正面、左面看到的形状，比一比哪个队画得正确。

从上面看到的形状　从正面看到的形状　从左面看到的形状

图1　第一层次的搭积木比赛

学生在四年级下册学习了从不同方向观察4个小正方体组合成的立体图形的形状后已有较长一段时间没有复习，对知识的理解有些遗忘。"画一画"是本节教学的重点内容，在教学导入环节直接抛出重点问题让学生解决是有一定难度的。结合实际教学发现，学生画从上面和正面看到的形状一般不容易出现错误，而画从右面看到的形状容易出错。这种错误的存在原因有两种：一是学生没有认真辨别左面和右面的观察方向；另一种是学生感觉从左面看到的形状应该与从右面看到的形状是一样的，从而画错。这一原因的存在是学生对"从不同方向观察到的立体图形的形状可能是不一样的"认识不深刻。这一认识其实不需要由教师告知，学生自行观察即可。那么如何引导学生在短时间内对"从不同方向观察到的立体图形的形状可能是不一样的"有一个初步的认识呢？

在导入时，我设计了这样一个微课：视频出现了由5个小正方体组成的立体图形，镜头从立体图形的上面移至正面，再从正面开始按顺时针方向绕立体图形旋转一周。接着一个学生出镜，他蹲下身子，视线与立体图形在同一个水平线上，半闭着眼睛在观察。最后呈现问题：从上面、正面、左面、后面、右面观察到的立体图形的形状是一样的吗？从相对的面（如左面、右面）观察到的立体图形的形状是一样的吗？

微课直观地让学生看到了不同方向观察到立体图形的形状，若是直接让学生通过摆一摆、看一看进行观察，学生有可能会旋转立体图形而不是绕着立体图形旋转一周观察，这样在学生判断从左面看和从右面看时容易混淆。

微课的演示能让学生短时间内掌握观察物体的方法。

　　观看微课后，学生对问题进行一个初步的判断，有的学生会直接根据所给立体图形进行判断，这时就会产生一个疑问：所有的立体图形从不同方向观察到的形状都不一样吗？产生了这个疑问之后，激发了学生探究真相的学习兴趣，学生开始动手实践。问题提出的目的是为了让学生更深入地理解"从不同方向看到的立体图形的形状可能是一样的，也可能是不一样的"，并对从左面看到的图形形状和从右面看到的图形形状有一个基本的区别判断。

二、微课解析，深入探究，活动释疑

　　学生通过摆一摆、看一看验证了从不同方向看到的立体图形的形状可能是一样的，也可能是不一样的。可再次让学生深入探究如何正确画出从左面看到的图形形状和从右面看到的图形形状，以此掌握重点（如图2）。

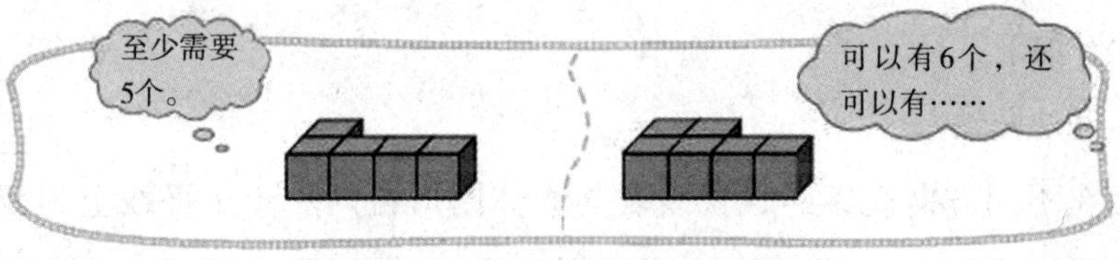

图2　第二层次的搭积木比赛

　　在图2中，给定两个方向观察到的平面图形的形状，让学生判断搭成的立体图形所需小正方体的数量范围。在此部分教学中，可以分成两部分内容：一是根据给定两个方向观察到的平面图形的形状还原立体图形；二是根据给定三个方向观察到的平面图形的形状还原立体图形。

　　比赛二注重学生动手实践能力和语言表达能力的培养。给予学生足够的时间搭一搭，学生会发现给定的两个方向观察到的平面图形的形状无法确定唯一的立体图形。这时可以让学生将所有可能的立体图形搭一搭展示出来，并说一说自己是怎么搭的，并一起探讨在所有的可能中哪一种使用的小正方体的数量最多，哪一种最少，明确小正方体的数量范围。在此问题解答后，可以再给定三个方向观察到的平面图形的形状，让学生尝试还原立体图形。

最后，利用微课呈现第一个内容中的所有可能的立体图形、搭法及其解说和第二个内容中唯一搭法的解说，并明确：给定两个方向观察到的平面图形的形状不能确定唯一的立体图形，但可以确定小正方体的数量范围；给定三个方向观察到的平面图形的形状可以确定唯一的立体图形。这里使用微课能在短时间内有效地进行生动化的小结，让学生重温一次探究的过程，区分易错点，明确实践的发现。

三、微课归纳，掌握方法，提升能力

本节内容注重让学生画出从不同方向看到立体图形的形状。学生在观察和操作的过程中，由立体图形抽象出平面图形的空间想象能力得到了很好的提升。学生根据给定平面图形的形状还原立体图形，发展了空间观念。有了"搭积木比赛"的基础，学生能够很快搭出立体图形并说出搭法。但是在教学中不应该满足于学生会搭，应该引导学生探究并掌握搭的技巧。为了能让学生更加深刻地理解并掌握技巧，在课堂小结环节中，我设计了这样一个微课，内容如下。

1. 画法归纳

站在不同方向观察时，视线要与立体图形在同一个水平线上，要蹲下身子，半闭着眼睛，这样看到的才会是一个平面图形。要明确问题指定的方向，认真辨认小正方体的数量与位置。

2. 搭法归纳

根据哪个方向看到的形状都可以去搭立体图形，但先从上面看到的形状入手去搭是最快的，因为一旦上面看到的形状确定了，最下面的一层就搭好了，最后只要在搭好的立体图形上面添加小正方体，就能搭出满足要求的立体图形。

3. 知识点归纳

（1）给定两个方向观察到的平面图形的形状不能确定唯一的立体图形，但可以确定小正方体的数量范围。

（2）给定三个方向观察到的平面图形的形状可以确定唯一的立体图形。

微课归纳，是利用视频取代PPT，以生动的视频效果在吸引学生的注意力的同时归纳本节内容的重点知识。

作为一名小学数学教师，应深知几何教学是一个长期的过程，学生空间想象能力的提高并不是立竿见影的事儿。显然，对于小学生来说，空间想象能力是从实践活动中培养起来的，学生的经验是他们发展空间观念的基础，而运用直观操作活动，能有效提升学生的空间想象能力。微课是一种新型的教学方式，微课能增加教学的形式，增加课堂的趣味性。教师可以利用更加简洁、便利的方式给学生呈现知识，而不是一味地将知识以文字的形式呈现给学生。兴趣是最好的老师，教学方式的多样性能够激发学生的学习兴趣。

如何更好地将微课融入教学，我们仍须深入探讨、实践。只要我们能在探讨中实践，在实践中反思，相信微课能够更好地为学生服务、为教师服务、为教学服务。

如何使小学低年级科学课堂具有时效性

深圳市龙岗区保安学校　胡润华

小学科学课时比较少，特别是低年级学段，一周仅有一节课，而且就小学生的特点而言，要求他们一整节课都集中注意力在教师的教学上是不可能的。如何在有限的时间里达到教学目标，成为每一位教师都必须认真思索的问题。针对如何使我们的小学科学课堂具有时效性这个问题，我觉得应该从多方面入手。下面我结合我的教学经验谈谈我对小学科学课堂时效性的看法。

一、课前做好准备

课堂准备要求学生和教师都做好准备。

1. 让学生做好充足的准备

教学中学生具有主体地位，如果主体都没有准备好，教师就算设计再好的课堂也无用。例如，在教学小学二年级《科学》上册第一单元第4课时，我让学生通过观察月相图片，记录月相、描述月相的变化，认识到不同夜晚的月相不同。这需要学生提前一个月进行观察和记录。假如学生没有提前做好准备，当教师上课讲到月相时，学生会感到茫然。

2. 教师自身做好准备

作为一名科学教师，课堂经常需要做实验，教师要提前准备好实验材料，还要准备好一节完整的课，准备好自己的情绪。如果教师带着情绪上课，那么学生一定会受到影响，这是不容忽视的。有些教师觉得自己已经很精心地准备了一节课，但上课还是不能得心应手，这是因为对学生的了解还不够，与学生缺乏默契。所谓知己知彼方能百战百胜，只有备好自己、备好学生，课堂的时效性才能得到保障。

二、设定合理的教学目标

有合理教学目标是一节高效率课堂的必要条件之一。教学目标设置太少，内容太过简单，没有挑战性，学生会无所事事。设置目标太多，会降低课堂的时效性让学生觉得疲惫、没有兴趣。教学目标设置需要具有层次性，给不同层次的学生设置的学习目标是不一样的，这样才更具针对性，做到因材施教，特别是在科学课堂中，往往需要学生动手做实验，要给学生设定好做实验的目的，如具体要观察什么，在实验过程中要研究哪些数据等等。假如学生不明确本节课的教学目标，那么学生在做实验时，会拿着实验材料毫无目标地玩，课堂成了游戏场，学生变成一团散沙，无法集中精力学习。

三、游戏设置的有效性

课堂上设置游戏是很有必要的。一是可以提高学生的学习兴趣；二是可以帮助学生记忆、巩固新知，复习旧知。在科学教学中，教师应有意识地引导学生"带着思考玩""带着智慧玩"，并把"玩"当成一项科学探究活动来进行。教师在科学课堂上要充分开发游戏资源，适当运用游戏形式，激活课堂，让学生在快乐的气氛中完成科学知识的有效学习，让科学课堂保持时效性。[①] 例如，在上小学教科版《科学》二年级上册第一单元第三课《太阳的位置和方向》时，科学探究目标是学生要学会利用太阳的位置来辨别方向，如果只是利用课间演示动态图或者在黑板上绘图讲解，是不够的。我还设计了在室外辨别方向的游戏。我先让学生做好游戏前的准备，并在教室内讲解游戏步骤和注意事项，然后带学生到操场上利用太阳做辨别方向的游戏，让学生边活动边记录。学生对利用太阳辨别方向很感兴趣，实现在玩中学。

---

① 叶卫东.合理设置游戏,激活科学课堂［J］.中国教师,2012（18）：41-43.

四、巧妙利用微课

微课是以教学视频为主要呈现方式，围绕学科的重难点，以"微课件、微习题、微反思"为教学过程的有机结合体，在传统教学基础上继承和发展起来的一种新型教学资料。在科学课堂上使用微课，可以突破重难点，增强学生的自主探究能力，还可以激活课堂气氛。例如，在学习"神奇的纸"这一课时，我制作了一段关于探索纸的性能的微课，学生很认真地观看了视频。在做实验时，学生能更好地进行自主探究操作，感受到以折叠的方式对纸进行加工改造会改变它的性能，会有很多用处。

微课在科学课堂中发挥了很重要的作用，为教学注入了新鲜的活力，促进和提升了课堂的时效性。

五、注重课堂总结

总结是一节完整的课堂必不可少的部分，也是一节时效性课堂必要的环节。总结，可以让学生巩固一节课所学内容，帮助学生梳理知识；总结也是教师对自己一节课教学效果的反思。课堂总结的方法具有多样性，我用得比较多的是教师总结和学生总结。

1. 教师总结

主要由教师完成，教师总结本课的学习内容，强调重难点，学生不易理解的知识点或是课堂时间不够充足，可以使用这个方法，深化学生对知识点的理解。

2. 学生总结

让学生自己总结本课的学习内容，并举手发言，和同学们一起分享。学生的想法各不相同，可以让课堂成为思维碰撞的场所，提高学生的学习主动性。

综上，我认为要使小学科学课堂具有时效性，就要在课前做好准备，设计合理的教学目标，还要注重游戏设置的有效性，更要注重总结。

探索微课在高中数学教学中的应用

深圳市龙岗区依山郡小学　何迟

一、微课的内涵和特征

微课全名微型课程，它以5～20分钟的微视频为载体，呈现某个概念、某个知识点、某种数学思想方法或对某一知识点的另类解读等内容。它可以达到重点突出、指向明确、见微知著的效果，可以用最短的时间抓住学生的注意力让其吸收最精华的内容，以提高学生学习的积极性和高效性。微课具有"流媒体播放性、时间较短、内容突出、资源容量小"等突出特点，可以让学生随时随地学习，以提高学生的自主学习性。

二、高中数学学习现状

我国大部分地区的高中数学教学现状如下：

（1）课程繁杂，内容难度高，学生学习积极性不高，呈现教师满堂灌，学生被动学习的局面。

（2）教师解决问题的综合能力缺乏。高中数学相对较为抽象，各知识点之间内在联系紧密，学生没有形成紧密的数学逻辑思维和知识迁移能力，难以形成解决复杂问题的数学思维，当碰到综合运用题时不知所措。

（3）课堂教学方式过于单一，主题角色不明确，教师与学生互动或学生自主思考时间较少，易形成使学生似懂非懂的概念。学生吸收程度不一样，知识水平参差不齐，难以做到个性化学习和对整体内容有一个全面的把握。

三、微课在高中数学教学中的应用

数学教育一直是我国基础教育的重中之重，高中阶段的数学教育应结合数学抽象、逻辑推理、数学建模、直观想象、数学运算、数据分析六大核心素养，融合科学、技术、工程教育，培养数学综合能力，培养学生解决实际问题的能力。美国数学教师理事会提出培养学生理解数学过程和解决问题的五个过程性标准：①问题解决，②推理和证明，③交流，④连接，⑤陈述。表明数学学习不仅仅是学习数学知识，更为重要的是学习数学的逻辑思维方式，形成特定数学思考体系，养成数学思维习惯。而微课制作则可以把课程内容提炼出来，细化成一个个小部分，帮助学生深入理解。因此微课在高中数学教学过程中主要有以下几个应用。

1. 课前预习

在学习课程之前，教师应让学生进行自主预习，对所学内容有个整体的了解，明确其重难点，以更好地在课堂上对知识点进行整体把握。高中阶段的学生在理解能力方面有一定提高，对课本中基础性、易于掌握的知识完全可以自学，因此只需要教师对此内容加以指导，学生便会清晰明了。对于这样的内容教师可以制作一个微课程用以辅助学生自学，这样既能提高学生的学习效率，减少课堂教学时间，又能激发学生学习兴趣，使其养成良好的预习习惯。例如，人教版高中《数学》必修一《集合》，教师可在制作微课时，引用多个初中的例子，将数字、图形、方程等进行归类，这样既联系了初中的内容，又可以引出集合的概念，给出集合的定义，归纳总结出集合的特征，让学生进一步根据已习得的定义和特征判断。这样层层递进，易于学生形成严谨的数学逻辑思维。

2. 创设情境

情境的创设是课堂教学的重要环节，可以充分调动学生的学习积极性，提高学生学习的注意力，激发学生学习兴趣。教师可以通过微课播放一个小短片，一个故事或者一个实验，激发学生的求知欲。例如，教授指数函数及其性质这一课在情境创设时，就可以细胞分裂为例，播放一个细胞分裂的动态过程，让学生把一个生物现象转化成数学问题。教学"等差数列求和公式"也同样可以利用微课播放一个故事：古印度国王奖赏国际象棋的发明者，问他有什么要求，发明者说："请在棋盘的第一个格子放2粒麦子，在第2个格子放4粒麦子，在第3个格子放8粒麦子，以此类推，每个格子放的麦粒数都是前一个格子的两倍。"用微课播放出这样的故事节省了时间又引人入胜。微课创设情境导入在高中数学立体几何的学习中也有很大作用。学习立体几何需要较强的空间想象能力，因此为了让学生可以更好地理解立体几何，教师可以用微课制作一些转动的常见立体图形，让学生可以直观地理解立体图形中点、线、面之间的关系。

3. 重难点突出

高中数学知识的抽象往往成为学生理解的一道屏障。例如，教学函数的概念、指对函数的性质、三角函数及其性质等函数图像和变化规律时就可以充分利用几何画板与微课结合，制作一个函数的动态图像微视频，突显其性质和变化规律，让学生自主探索，自主发现，并总结规律，使得抽象的知识具体化、动态化，易于理解和记忆。

4. 类型题讲解

高中数学知识往往自成模块、自成体系。教师可以利用微课针对一些典型例题、难题、易错题、类型题进行讲解，让学生根据自己的情况进行选择学习，对一道题进行深刻的理解，从而达到举一反三的效果。学生可以随时随地、反复观看视频进行学习，有助于对某一类题型进行把握。

在信息时代，各行各业都涌现许多新技术，微课就是教育教学中形成的一种新型教学方式。在高中数学教学中利用微课可以有针对性地对许多抽象知识进行细化分解，并且微课对于高中阶段的学生来说使用性和实用性更高。高中阶段的学生有着较强的学习自主性和成熟的思想，会自己选择知识学习。相对小学、初中来说高中学生使用手机频率会更高。因此微课在未来会在高中的教学和学生自主学习上起到举足轻重的作用。

浅析微课在小学数学教学中的应用

深圳市龙岗区龙城小学　付　颖

一、微课相关概述

1. 微课概念

微课是对微视频、微课程的总称，由于微课还没有普及，很多人并不了解。实际上微课是由专业教育人员开发的能够传递知识的视频，可以被反复观看和传播。

2. 微课特点

微课的特点体现在"微"，通常视频的时长在5～10分钟，微课的内容取决于教师的教学内容。微课还具备碎片化、独立性的特点。微课通常都非常简短，内容精练。

二、微课在小学数学教学中的作用

1. 利用微课解决学生的疑难问题

微课的优势在于能够针对课程中的难点进行讲解，让学生有针对性地理解。例如，在小学数学教学中，"角度"的学习是一个重点。将边长的角与边短的角进行比较时，很多学生都主观地认为边长的角更大一些，教师在教学过程中需要有更形象的方式来帮助学生记忆。笔者就引入了微课，利用动画制作视频，通过直观的对比得出两个角一样大，从而让学生更深刻地理解角的大小和边长没有任何联系。学生在轻松的教学环境中学习，对知识点的记忆效果会更好。

2. 利用微课展现因材施教的魅力

新科技的不断进步，教学利用的媒介也更丰富。教师可以结合学生的兴趣以及教学的要点，挑选合适的素材来制作微课，帮助学生学习。学生可以在课下通过微课来复习知识点，巩固知识点的记忆，进一步提升学习效果。教师通过微课，可以对不同的学生实施有针对性的教学，做到因材施教。

3. 有利于提升教师队伍的整体素质

在教学中引入微课，要求教师具备更高的水平，首先教师需要理解这一教学方式；其次，还需要熟练地掌握制作和运用方法。制作微课可以提升教师的专业素质。教师在制作微课的过程中，要巧妙地融入教学重难点，还要激发学生的学习兴趣。数学和日常生活有着一定的关联，在微课中可以融入生活场景，帮助学生记忆和理解所学知识。例如，关于"认识时间"这个知识点的教学，可以通过视频，形象地展示时针、分针的运动，学生通过观看视频，能够了解钟面上是存在12个大格子和60个小格子的。分针转得快，一圈代表1个小时。时针转得慢，一圈代表12个小时，从而得出1小时等于60分钟的结论。微课让数学教学变得更加生动有趣。

三、微课的应用技巧

微课在应用上有很多的技巧，可以结合学习时间进行分阶段应用，具体可以划分为四类。第一类是课前预习微课。也就是在教学工作开展之前让学生预习知识点。教师要结合要点制作微课，学生通过微课的学习，对知识点有了初步的认识，这样在正式上课的时候，便可以更快地进入状态。第二类是课中学习微课。也就是在课堂中引入微课，帮助学生加深对教学重难点内容的理解，还能够让学生进行相关的扩充学习，引导学生进行思考，增强课堂学习气氛。课中学习微课，能够让学生学习的积极性不断提升。第三类是课后的巩固微课。教师可以将课堂中的教学重点内容总结到微课中，学生可以从一个统一的平台进行学习，针对自己学习的薄弱点进行巩固。第四类是阶段性的复习微课。教师可以提供周期性的复习视频，使学生养成定期回顾知识点的习惯。

四、微课提升小学数学教学效果的策略

1. 选择合适的教学内容

教师需要结合教学重难点设计微课，一定要切合教学要求，这样才有意义。在引用微课之前，需要考虑其必要性。在设计微课的过程中，一定要突出重难点，并且要选择合理的方式呈现。

2. 控制好教学节奏

良好的把控教学节奏能够提升微课的有效性，在进行微课内容设计时，我一般都会从学生实际出发，让学生在观看微课之后，有充分的时间思考和记忆。例如，在教学"组合图形面积"这一课时，我先引导学生学会计算长方形、正方形、三角形、平行四边形等的面积，然后再进行相关组合图形的阴影面积求解，给予学生充分的时间去仔细考虑，然后引入微课，通过辅助线的标注，让复杂的问题简单化，从而更方便学生进行图形面积的计算。因此，进行教学中，有效把握教学节奏能够提升教学效果。

3. 做好课件质量的监控

微课的教学效果与课件的质量有着密不可分的联系，因此，要充分做好定期检查工作，确保教学中的重难点都能够在微课中得到有效的反映。

五、结 语

作为新型的教学方式，微课具有简短、精练的特点，在小学数学教学中具有很大的推广价值。有效地引入微课，对于提升教学效果有着深远的意义。

微课程给小学数学教学带来的变化

深圳市龙岗区宝岗小学　李锡坚

一滴水可以折射七彩阳光，以小见大自古有之。微课程即是如此。它是一种用5分钟左右的短视频传播知识、引发思考的新型学习方式。自2008年其在美国被提出后，随着近几年智能手机、平板电脑的普及，得到迅速发展。微课程以其短小精悍、随时随地学习等优点，广受教师和学生的青睐。作为一名普通小学数学教师，我有幸成为龙岗区教师进修学校的微课程项目培训师。自2012年9月起，经过四年来对微课程的开发和培训的研究，我努力探索微课程和小学数学教学的联系之路，现对微课程在课堂教学、教师、学生等方面带来的变化总结如下。

一、微课程为课堂教学带来的变化——更有趣，更易学

数学是逻辑学科，和其他学科相比显得枯燥，特别是在教学某个知识难点时，教师在引导学生探究过程中，多数学生跟不上优等生步伐，对知识点的理解产生脱节。为此，如何让枯燥的数学课变得更有趣、更易学是所有数学教师共同的研究课题。现在有了微课程就不一样了，这种现象可以大大改善。例如，我在上五年级数学"鸡兔同笼问题"一课时，按教材让学生用尝试与猜测的方法通过列表方式算出鸡和兔各自的只数。多数学生虽能掌握方法，但都认为这样做很烦琐。于是我把鸡和兔拟人化，制作了一集"巧解鸡兔同笼问题"的微课（http://v.qq.com/x/page/d018849liay.html）。在上课时，我借助平板电脑把微课程推送给学生。学生对着平板电脑，戴着耳机，3分钟

123

即可掌握鸡兔同笼问题的巧妙解法。学生利用平板学习微课，可以按自己需要在课后反复观看，随意控制进度，不会因上课临时开小差而错过老师的讲解。有趣的3分钟微课"巧解鸡兔同笼"给学生留下深刻的印象。

微课程的出现，使学生很期待上我的数学课，经常问："今天有没有微课？"面对教学难点，我用微课的形式把知识难点显性化、可视化、故事化、趣味化，为绝大多数学生特别是学困生对知识难点的理解提供帮助，让数学课变得更有趣，更易学，这是突破教学难点的一条新捷径。

二、微课程为教师带来的变化——由教学型转为研究型

微课程，重点在于"微"，内容直接指向具体问题，关注"小现象、小故事、小策略"，主题突出，一课一事，层层剖析，有深度，能启发思考。这对于一线的教师来说，是广阔的研究空间。在日常教学中，每一节课的难点突破，学生精彩的发言，学生回答错误的原因，一个突发事件的处理……都可以作为研究对象进行深入剖析并做成微课程。每一集内容相对独立，它可独立使用，也可嵌入学校任何课题，还可以独立成系统，综合使用。当把一个小现象进行深入剖析并做成微课程在网络上传播后，我的幸福感油然而生。微课程能促使教师变得更关注身边小事，变得更喜欢研究、更爱思考。

笔者多年担任小学高年级段数学教学工作，和课本同步配套的"知识与能力训练"。每天学生都要练习难度较高的题目，笔者把这些题目进行分类，制作了一百多集专对这些习题进行讲解的微课程，通过微信、QQ等方式同步发送给学生，让学生在家里利用智能手机或电脑就可以得到老师面对面的讲解。这些习题讲解的微课程开发，笔者花了大量的时间和精力，但是经过这一阶段的辛苦付出，六年级上册的知识难点都做成了系列微课程，生成二维码，学生只要用智能移动设备扫描二维码即可学习。这些资源在网上可以永久保存，循环使用。开发和制作这些微课程的过程虽然辛苦，但现在看来，它能为教学带来的帮助却是不可估量的，所有的努力和辛苦都是值得的。

三、微课程给学生带来的变化——更快乐，更自信

有句话说得好，兴趣是最好的老师，但小学数学的逻辑性和高度的思考

性，却是大多数学生的学习的难点。在数学教学中培养学生的兴趣是极其重要的。利用微课程，是培养学习兴趣的很好切入点。

让学生成为微课程的开发师，使学生变得自信。我们班有一位同学，性格较内向，严重缺乏自信，题目自己会做但提问他时就是不敢说。我和他进行深入沟通，教他用手机录制微课的技术和技巧，让他把书中某道题目解题过程用手机录下制作成微课程。他刚开始讲解得不是很好，经过三次的修改和训练，录了一集习题讲解的微课，发送到班级Q群。全班同学为他的语言表达、精彩的讲解所折服，他瞬间变得自信满满。此后，这位学生掌握了微课程的录制技术，平均一周可以出一集习题讲解微课。这也帮助我减轻录制微课的负担，更重要的是，培养了学生的语言表达能力，增强学生的自信心。我用这种方法在班中也另选了3位学生做实验，效果很好。

总的来说，随着微课程发展，把微课程和教学有机结合，让微课程服务于教学，让课堂变得更有趣，让教师变得更乐于研究，让学生也成为微课程的开发者，让这些资源永存于网络成为学生成长档案的一部分，对教师，对学生是多么让人兴奋的事。

微课程，爱你！

浅谈微课在数学教学难点中的应用

深圳市龙岗区同心实验学校　魏　芳

随着多媒体教学的发展，多媒体应用也越来越多，微课因其短小精悍的特征，在教学中使用得越来越频繁，尤其是对数学教学中难点的使用方面，微课的作用更不可忽视。作为一种新型的学习方式，微课促进教师积极参与，学生充满兴趣地学习，做到了教学信息化与教学的深度融合。本文将主要从教师教学和学生学习方面介绍微课在教学难点中的应用。

一、微课的制作

微课主要以视频为载体，围绕某个知识点，要有教师的讲解或者学生的学习记录。时间不宜过长，一般控制在10分钟以内。拍摄的内容需要有吸引力，可以设计一些图案，或者幽默的语言，这样的微课更能吸引学生，更能彰显微课的魅力。

二、微课在教学难点中应用的意义

兴趣是最好的老师。在学习过程中，学生只有有了兴趣，才会积极主动学习，而微课的新颖性、创新性、直观性、简短性都能让学生在微课的学习中如身临其境，感受到微课的魅力，激发学习的灵性，从而更容易开启学习之门。

微课还极具泛在性和创造性，它让学习不仅仅局限于课堂，学生随时随地可以观看微课进行学习，极大地拓展了学习的时间和空间。学习不再单调和枯燥，而是充满了愉悦感。

三、微课在教学难点中的应用

1. 微课在"探索活动：平行四边形的面积"中的应用，有效地加深了平行四边形面积公式推导过程的理解

数学教学中，一些公式的推导往往是学生理解的难点。学生在不理解公式的推导过程时，只对公式死记硬背，这样的学习方式不能举一反三，遇到相关知识点的变式，便会不知所措。所以在学习平行四边形面积公式的推导过程时，如何加深学生的理解，使其掌握平行四边形面积公式的推导过程，成为本课教学中的一个难点。

为此，我设计了一节《平行四边形转化成长方形求面积》的微课，在短短的5分钟视频内，我用实际操作的方式完整地展示平行四边形转化成长方形的过程，并运用对比的方式让学生明白在这个过程中，面积无增无减，不产生变化，平行四边形的底转化成了长方形的长，而高转化成了宽。我利用长方形的面积和平行四边形面积相等这一思想，在学生已经掌握了长方形面积公式的前提下帮助他们推导出了平行四边形的面积公式。

我把这节微课放在学生动手操作后，让学生对自己在动手过程中产生的疑惑进行化解。如此直观的过程加深了学生对知识迁移的印象，省去了教师烦琐的讲授过程，也为学生自主学习提供了一个更好的学习方法。

2. 微课在"面积单位换算"中的应用，有效整合单位换算的方法

在小学数学学习中，一直贯穿的一个知识点便是单位换算，从长度单位换算，面积单位换算，再到后面的体积单位换算，看似是简单的问题，往往是学生的易错点，易错就代表掌握得不够扎实。

在五年级学习公顷和平方千米这两个大的面积单位时，我设计了一节关于面积单位换算的微课。在此微课中，我首先对面积单位进行排序，从低级单位到高级单位依次排序，找出每两个相邻单位之间的进率。除了公顷和平方米两个相邻单位之间的进率为10000，其他两个相邻单位之间的进率都为100。这样的一个整合可以加强学生的记忆，并且强调公顷和平方米进率之间的特殊性是因为还有一个我们暂时还不需要了解的面积单位——亩。根据排序我们还可以找到任意两个面积单位之间的进率——用几个间隔的进率相乘即可。

这样的一个单位换算的整合微课不仅让学生学会面积单位换算，而且学生也可以迁移到长度单位以及后面体积单位换算的学习中。相对老师一次的讲解，学生可以对此微课反复学习，不仅有效拓展了课堂学习，提高了学习的效率，更是提高了学生自主自悟的学习能力。

四、微课在学生学习方面的应用

微课不仅仅在课堂教学中发挥着重要的作用，对学生的自主学习也有非常大的作用，如学生的课前预习、合作学习、课后探究等，都可以通过应用微课达到好的学习效果。

五年级第一单元的小数除法是大部分学生学习的难点，在练习中各种问题层出不穷。这不仅仅是学习整数除法时的基础不牢固，还有小数除法的计算算理掌握得也不够牢固。如何解决这个普遍难题？靠教师课堂上讲解吗？让学生反复听作用也不明显，让学生在不明白的状况下做题也是没有任何意义的。这个时候微课就显得尤其重要了。

我找出几道有代表意义的小数除法题，让每个学生回家录制一个微课，微课的内容是对题目的讲解过程，然后作业以微课的形式上交给老师。这个作业不仅杜绝了传统作业的抄袭现象，还能让教师发现学生不会做题的根本原因。学生在讲解的过程中不断调整自己，努力让自己掌握做题的方法。会讲便会做，微课在这里一举三得，可谓作用巨大。拓展了学生的学习方法，提高了学生的学习兴趣，使学生找到学习的成就感，真正实现了"翻转课堂"。

五、结　语

随着多媒体教学的发展，微课应运而生，给我们教师的教学，学生的自主学习带来积极的影响。创新、高效的微课，是学科教学、教师成长、学生学习、学校发展的重要补充和拓展资源。

当然，微课的发展才刚刚开始，作为一种新兴产物，我们在使用时需要谨慎，在感受微课带来好的影响时，也不要忽略滥用微课的危害。我要在今后的教学中深入研究和学习微课制作，让自己成长，也要让微课发挥其辅助教学作用。

微课在小学数学中的应用

深圳市龙岗区下李朗小学 叶丽花

随着新课程改革的不断深入，社会各界对于教学形式以及教学模式革新的关注越来越多。其中，微课即为一种较为新颖的教学手段，能够在小学数学教学中发挥重要作用。在这个背景下，研究微课在小学数学中应用的诸多问题，具有重要的现实意义。

一、引入微课能够帮助学生解决学习中的疑难问题

微课的形式基本上是教师针对课堂上某一个知识点或是难点进行讲解，学生可以在家看视频自学，对不懂的地方反复学，因此其更有利于学生对知识的掌握。在家看视频的过程中，学生学会听讲，学会记笔记，学会通过听，自己辨别哪些是教学的重难点，通过对笔记的整理，进一步梳理个人接受到的知识。在微课的学习中，教师会及时了解学生的学习情况，对问题进行收集，然后就学生反馈的难点、疑点问题在课堂上进行有针对性的讲解。

二、利用微课能够帮助学生进行知识回顾

数学是一门极具逻辑思维的学科，在进行题目的解答时，可以采用多种多样的方法。因此，在小学数学教学中，要求学生在掌握新知识的同时，能及时回顾旧知识，做到温故而知新。为了使学生实现新旧知识的有机结合，找到最优解题方法，小学数学教师需要加强这方面的引导。因为小学生的认知水平以及思维能力都不高，联系性思维也尚未完全建立起来，还很难主动

去进行知识点的前后联系和归纳。

三、微课有利于发挥学生主体性

"哪里不会点哪里,这一处没明白,按暂停;知识点忘记了,重新看;课堂上惧发言,课后学。学生们再也不用担心跟不上课堂的脚步了!"学生、家长对微课这一"新事物"一片赞扬。我们知道课堂学习的时间毕竟有限,教师对有些知识点讲得比较快,但学生对知识的接受能力毕竟有差异,学生学得不够深入,影响对知识的掌握;性格较内向的学生,有问题不敢或者不好意思举手提问,这样慢慢就会出现理解性问题;等等。

四、丰富的微课资源,为教学参考、交流搭建平台

微课以其短小精悍、便于保存、利于传播等优势深得教师的喜爱,虽然制作一节好的微课不容易,但在广大教师的共同参与下,优秀的微课作品越来越多。教师若将自己制作的微课上传到教师交流群里和大家一起分享、交流,这样既可以丰富微课的资源储备,又有利于提高教师的微课制作技术、技巧以至微课质量。微课教学资源库的逐步完善必将为学校教育信息化发展提供强有力的保障。

微课为教师教学活动的组织带来了新要求,微课应用范围广、使用效果好,自然会受到越来越多师生及家长的青睐。但微课也仅仅是有别于传统教学课例、教学课件、教学设计、教学反思等的一种新型教学资源。如何让其更好地发挥作用,这对教师教学活动的组织提出了新的要求。

1. 制作微课要精练、美观、实用

精练就是要求教师在录制微课之前,准确把握教材,全面分析班级学生情况,从学生的学习基础和容易出现的问题入手,运用典型例题使学生迅速达成教学目标。微课中的讲解要通俗易懂、语言简洁。一节微课的播放时间一般控制在10分钟左右。

美观是指教师在设计微课时要注意动静结合、图文并茂,字体、字号、颜色、图片、声音、动画等搭配要合理,错落有致,录制时要使整个视频简洁、清新、流畅。

实用是指教师要做到心中有学生，在微课设计时不仅要考虑教学的重难点，更要关注本班学生的基础、兴趣、习惯等，制作的微课要适合自己的学生。

2. 教师要重视培养学生使用微课的习惯和能力

使用微课学习有别于传统的学习方式，师生都要有一个适应的过程，特别是针对小学生来说，更需要教师发挥主导作用，逐步培养学生使用微课的习惯和能力。一是要及时提醒，及时检查、督促，让学生逐步形成习惯，变被动学习为主动学习。二是要根据学生学习实际，指导学生选择观看合适的微课内容，让学生在观看微课解决自身学习问题的过程中，逐步形成自主选择合适内容的能力。三是要加强家校沟通，让教师和家长合力在学生的习惯和能力的培养中发挥作用。四是要加强师生的及时沟通，充分发挥教师在学生学习过程中的点拨、指导作用。

3. 教师要对课堂教学结构进行适应性设计

微课打破了传统课堂的框框——学生在课堂之外观看在线课程进行预习、复习，在课堂上回顾和进行课堂活动；教师在学生需要的时候提供帮助。微课更多的是预设，师生无实际的互动，课堂上则应更加注重生成，强调在师生互动中解决问题。微课把部分教学活动由学校搬到了家中，同时也把相关的巩固与拓展部分由校外移到了校内。这些都是微课给课堂教学活动带来的新变化，教师在进行课堂结构设计时必须根据这些变化做出合适的调整，科学安排活动内容和活动形式。

数学学科微课程在初中数学教学中的应用实践之初探

深圳市龙岗区横岗街道梧桐学校　徐　巍

数学学科微课程是按照《全日制义务教育数学课程标准》（以下简称《课标》）及教学实践的要求，教师在课堂内外的教育教学过程中，从微问题出发，以微研究为基础，以微学习为导向，围绕某一个知识点或教学实验，将用图、文、声、像开展的教与学活动进行有机组合而生成的一种视频资源。虽然其作为一个新生事物，在我国应用实践和应用研究方面还处于初步探索阶段，但是随着互联网技术和移动终端的飞速发展，学科微课程正在不断绽放其独有的魅力，尤其是在数学教学中的课前预习、课堂辅助教学突破重难点、课后辅导等方面已凸显优势。

一、初中数学教学现状

1. 学科现状

数学是具有高度的抽象性，严密的逻辑性和广泛的应用性的一门学科。各知识点之间的联系十分紧密，就像人体的血液循环系统，一个毛细血管出现了问题，如果没有及时处理，就会埋下安全隐患。所以，学生的认知发展水平、学习的主观能动性、意志品质的发展等，就等同于人体的血液通路，决定着教与学的效率和质量。

2. 教师现状

在现实的初中数学教学中，很多教师，仍然没有很好地落实新《课标》下的教学观，不能突破有限的课时和唯分数论的限制，一如既往地坚持教教材。教师满堂灌，超前教学，只要按照自己的预案将知识传授给学生就算完成任务，很少去关注学生的参与反馈，严重忽视了学生是学习的主体，偏离了新时期下的教育观。

3. 学生现状

新时期下的学生正处于青春期，叛逆性强，个性十足，再加上目标性模糊，大部分学生除了必须要完成的作业外，在课后不会主动自觉去复习加以巩固，面对稍有难度的题目，不敢直面，不敢挑战自我，加上每天置身于大量信息冲击的环境中，受前摄抑制或倒摄抑制的影响，以及遗忘，所学过的数学知识逐渐就会淡化，甚至消失。

二、数学学科微课程在数学教学中的作用

数学学科微课程就是教师源于数学教学实际，为解决教学中的棘手问题，选取数学学科中的某一个难点、易错点、易混点等进行录制和开发的一种5～10分钟的适合学生学习的"可移动"的数字化资源包。在实际数学教学中其作用如下。

1. 抽象问题直观化

数学学科微课程的开发目标就是要将抽象的数学概念、推理过程等，用生动形象的讲解或动画直观地呈现出来。相关研究表明，教学中有效地整合微课程资源，更有利于学习者接受、理解和记忆。

2. 因材施教个性化

《课标》提出，要让每一个学生在课堂上都有所收获，让每一个学生在学校都有所发展。数学微课程的出现，可以更好地让教师因材施教。教师可以数学学科微课程为依托，布置不同层次的学习任务；学生可以先观看微课程再完成相应的任务，或者先完成相应的任务，再根据完成情况观看微课程。学生可以实现自主选择。对于后进生来说，可以多次反复地观看学习，直到学会为止。

3. 质量提升最大化

有了数学学科微课程，不同的学生也可以根据自己的实际情况，通过海量的线上数学学科微课程，进行个性化定制学习。无论是想学某一个年级，某一个教材版本，某一个章节，某一个专项，还是补漏，提升，都可以实现。

三、数学学科微课程在数学教学场景中的应用

1. 数学学科微课程在数学教学预习场景中的应用

我在执教北师大版九年级上册第二章"一元二次方程的解法"这节课时，分别在两个班中进行了对比实验。我先根据一元二次方程的知识点，录制了关于一元二次方程解法的系列微课程，共5集（包括直接开方法、配方法、公式法、因式分解法和解法妙用）。其中一个班按照预定的计划，沿用传统的教法，一节课讲授一种解法。另一个班是按照新的教学方法，把提前录制好的系列微课程分享到家长群，请家长协助孩子利用周末的时间，先观看1~3遍，然后尝试独立完成课本的课后习题，如果遇到相应的问题，随时做好标记或记录。然后在课堂上，我先检查学生的完成情况，再集体核对答案，统计学生的完成情况。根据学生的课堂反馈，我再引导学生先自我订正，再寻求同伴的帮助，最后将不会或不懂的题目或知识点以纸条的形式传递给老师，老师再进行集中讲解，然后再进行检测、反馈，并要求不懂的学生在家里再次观看微课视频。

不同的教学设计，得到了不同的教学效果。第一个班虽然我也布置了相应的预习任务，但是总感觉教学效果不佳，学生面对枯燥的数学课本进行预习，往往是以打瞌睡或半途而废而告终。而数学学科微课程以其简明、清晰及生动的画面呈现，给学生视觉、听觉强大的刺激，既激发了学生的学习热情，又给了学生精神的享受。

2. 数学学科微课程在数学课堂教学场景中的应用

二次函数的教学是初中教学中的一个难点，尤其是不同函数模型之间的平移变化规律，仅凭教师的三寸不烂之舌，是很难征服所有学生的。有了前车之鉴，于是，我在课堂教学中，我很好地利用了数学学科微课程突破了这一瓶颈，收到了很好的效果。

我利用几何画板强大的动画功能，分别录制了$y=ax^2$（$a\neq 0$），$y=ax^2+c$（$a\neq 0$），$y=a(x-h)^2$（$a\neq 0$），$y=a(x-h)^2+k$（$a\neq 0$），$y=ax^2+bx+c$（$a\neq 0$）的图像与性质微课程。在课堂教学过程中，我先让学生观看这5集微课程，在小组内讨论每一种函数模型图像的性质，完成事先下发的表格。然后再派代表在班上分享，最后师生共同总结，形成思维导图。

在这几节课中，我印象比较深刻的是在学生分享几种函数模型之间的平移规律时，出现了分歧。很多学生理解不了左加右减。在这种情况下，我觉得不能急于求成。于是我选择和分享的学生进行合作，分享的学生放慢讲解的节奏，我配合播放微课程，一唱一和，有图有真相，慢慢地学生就都理解了。

在这几节课中，数学微课程很好地补充了课堂讲解中不详细或者学生没听明白的地方。数学学科微课程可以成为学生学习的好帮手，可以使学生加深对重要知识点的掌握和研究，并将短时记忆的内容加入长时记忆中，以便在遇到实际问题时可以随时将知识提取出来进行解决。

3. 数学学科微课程在数学教学课后复习场景中的应用

著名教育家魏书生老师说过，教师要善于将学生的错误生成教学的资源。在数学教学过程中，学生常犯的易错题、易混题，都是教师开发数学学科微课程的素材。这样开发出来的微课程，才真正是取之于民，用之于民。当然，我们还可以让学生成为微课程的主角，将错误的原因，纠错的过程展示出来，既减轻了教师开发微课程的负担，又增加了数学学科微课程的价值。

我在数学教学过程中，课堂就是我开发微课程的主阵地，我依托课堂上的一个个重难点，让学生帮忙拍摄，课下利用视频编辑软件，快速生成微课程，分享至家长群，供学生课后复习巩固，真正实现了微课程微而不微，以小见大的教学目标。

四、结 语

在运用微课程辅助教学的三年的时间里，学生的学习热情与日俱增，自主学习的能力也越来越强，学习的效果日渐显著，看着这些翻天覆地的变化，我真切地感受到微课程的价值与魅力。

在初中数学教学之中，应推广数学学科微课程辅助教学的模式，从而提升学生的自主学习能力。同时，教师在初中数学教学中，还需要更加积极地寻求适用性方法，为初中数学教学质量提升做出积极贡献。

浅谈小学数学选择题解题技巧

——微课教学

深圳市龙岗区平湖街道中心小学　游碧娜

很多概念和计算等数学知识，学生通过死记硬背的方法都能记住，但不能深刻理解和掌握。选择题作为客观性题型，有着评分客观、小、巧、新、活、容量大、涉及面宽、知识面覆盖广等特点，利于教师考查学生知识掌握情况。它无须写出解题过程，也能更全面准确地考查学生对基础知识掌握程度，以及利用数学知识进行分析、判断、推理、空间想象和综合应用等解决问题的能力，还能培养学生思维的严密性、深刻性和灵活性。选择题其本身是有一定规律可循的，理解和掌握选择题的解题技巧和方法也是非常有必要的。

选择题由题干和备选项两部分组成，根据小学数学教学内容和学生知识水平来命题，形式多样，有如下两种最常见的基本类型：①单项选择题，在提供的3~4个选项中，有且只有一个选项符合题意；②不定项选择题，在提供的3~4个选项中，有一个或一个以上的选项符合题意。

本文主要研究小学数学单项选择题的解题技巧。此类选择题由于只有一个正确答案，故而我们可以利用选项之间的关系，判断选项是选还是不选，若有两个选项意思完全相反，就必定有一个是错误答案。

随着时代的发展、科技的进步，21世纪的各种网络媒体资源更加丰富普遍，展示多形式的学习资源更能激发学生的学习兴趣，也更能解决课堂时间少的弊端，于是有了微课。微课内容短小，集精华于其中。本次我将选择题解题技巧分别制成每个约3分钟左右的微课，以视频的形式展示给学生，让学生能随时随地的学习和回顾。那么选择题的解题技巧到底有哪些呢？

微课一：直接法

同做填空、应用题时一样，根据题目给出的已知条件，通过直接计算、判断或推理，得出正确结论，选出正确选项的方法，即为直接法。

例1：淘气有16张邮票，笑笑有8张邮票，淘气比笑笑多（　　）张邮票。

A. 5　　　　　　B. 6　　　　　　C. 7　　　　　　D. 8

此题可根据题意直接列式16-8=8（张），得出选项D。

此方法是最常用、适用范围最广的方法，微课中也特别指出运用此法"切忌贪快，否则很容易出错"。

例2：一年级1班有学生42人，2班学生人数和1班一样多，1班和2班一共有学生（　　）人。

A. 84　　　　　　B. 82　　　　　　C. 48

根据题意"2班学生人数和1班一样多"可知2班有42人，所以一共有学生42+42=84（人），故而选A。

微课二：排除法

根据题意，逐步排除与题意相矛盾的选项，由于单选题只有一个正确答案，故而剩下的唯一一个即为正确答案。

例3：一本汉语词典厚约5（　　）。

A. 毫米　　　　　　B. 厘米　　　　　　C.克　　　　　　D.平方厘米

根据题意，"厚"度是长度单位，选项C是重量单位、D是面积单位，首先排除。再看A选项"毫米"，5毫米<1厘米，太薄所以也排除，故而只能选择B。此类题目要求学生既要理解各种测量单位的概念，又要有初步的分析、判断和空间想象等技能来排除选项。

例4：一个两位数，个位上的数字和十位上的数字之和是9，个位上的数字比十位上的数字多5，那么这个两位数是（　　）。

A. 36　　　　　　B. 61　　　　　　C. 27

根据题意，题中有3个信息。信息①"一个两位数"，选项都是两位数均满足；信息②"个位上的数字和十位上的数字之和是9"，选项B中6+1=7不满足条件故排除；信息③"个位上的数字比十位上的数字多5"，选项A中6−3=3不满足条件也排除。最后只剩下选项C，即为正确答案。

微课三：数形结合法

把问题中的数量关系和空间形式（图形）结合起来分析和思考，将复杂的问题简单化，从而更清楚地理解题意并能更快速地得出结论。

例5：一个长3米，宽2米的长方形，长增加2米，面积增加（　　）平方米。

A. 2　　　　　　B. 4　　　　　　C. 12　　　　　　D. 14

此类题目可根据题中数量关系画出图形（如图1）来帮助理解题意。本节微课中通过画草图直观观察可得出图中阴影部分即为增加的面积，再通过计算，选出选项B。

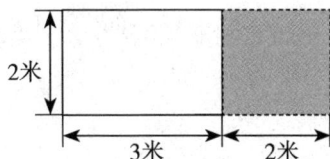

图1

$S=2\times2=4$

例6：把一个木条钉成的长方形捏住对角拉成一个平行四边形，它的面积比原来的长方形面积（　　）。

A. 大　　　　　　B. 小　　　　　　C. 相等

在微课中画出了草图（如图2）可直观分析判断，长方形往左或右拉都是底不变、高变矮，一目了然。平行四边形的面积=底×高，无须计算即可得出结论——平时四边形的面积是变小了，故选B。

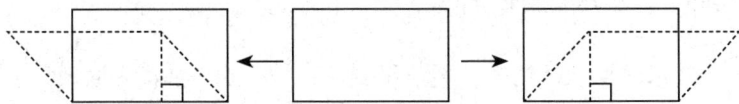

图2　计算平行四边形面积示意图

微课四：代入法

将题目中的选项，逐个代回原题干中验证是否正确。

例7：一本故事书有39页，每天至少看（　　）页，一个星期（7天）才可能看完？

A. 5   B. 6   C. 7   D. 8

根据题意，要算出每天至少看几页，直接计算的话需要用到39÷7两位数除以一位数有余数的除法，对于低年级的学生来说计算难度大、耗时大。可以采用代入法，将选项一一代回原题。选项A中5×7=35＜39，看不完；选项B中6×7=42＞39，已看完，后面每天看的页数越多，超出的页数也就越多，本题求"至少"，所以选项B为正确答案。

例8：要使四位数106□，同时是2和3的倍数，□里应填（　　）。

A. 2   B. 4   C. 6

根据题意分析，选项均满足2的倍数特征，现只需判断是否是3的倍数即可。将选项代入题中，A选项是1062、B选项是1064、C选项是1066。因3的倍数是其各个数位上的数字相加之和能被3整除，只有A选项1+0+6+2=9满足题意，故选A。

微课五：特值法

有些问题从理论上推理验证对于小学生来说是比较困难的，由于是选择题，只需要判断4个选项正确与否，无须通过推理论证得出结论，故而我们可以用满足题意的特殊值来验证选项结论是否正确，从中选出正确答案。

例9：在一道减法算式a−b=c中，如果被减数a减少5，减数b增加5，差c（　　）。

A. 不变   B. 增加5   C. 减少5   D. 减少10

此类题要通过推理得出结论比较困难，故而可将符合题意的特定值代入，假设这个算式是20−5=15，按要求，被减数20减少5，减数5增加5，算式变成15−10=5，差从15变成5，即减少了10，故选D。

例10：两根同样长的绳子，第一根截去 $\frac{1}{2}$，另一根截去它的 $\frac{1}{2}$ 米，比较余下的部分（　　）。

A. 第一根长   B. 第二根长   C. 同样长   D.无法比较

代入特定值长度1米，则第一根剩下0.5米，第二根剩下0.5米，同样长；

再代入特定值长度2米，则第一根剩下1米，第二根剩下 $\frac{3}{2}$ 米，此时第二长。所以余下部分是无法比较的，选D。

我将上述解题技巧制作成一个系列的微课，其中每一种方法对应一个微课。我将做好的微课制成二维码，学生只需要扫二维码即可随时随地观看微课学习，后续再进行相应的练习巩固。此课程在教学上不局限时间空间，在媒介使用上充分运用多媒体符合时代发展规律，在教法学法上发挥学生的主观能动性，在技能巩固上能及时让学生巩固和练习。此课程介绍的方法是小学数学选择题解题技巧中最常用的5种方法，对于相对简单的题目而言只须选择其中一种方法即可得出结论，但当遇到涉及面较广、综合性较强等题目时往往还需要将多种方法综合运用。

小议微课

龙岗区星河实验小学　刘　健

近年来，全国大力推广微课翻转课堂。微课，是指以视频为主要载体，记录的教师在课堂内外教育教学过程中围绕某个知识点或教学环节而展开的精彩教与学活动的全过程。结合近几年微课辅助教学的实践，我发现它对教与学都产生了巨大促进作用。

微课，又称微型课、微课程，其主要特点有：教学时间较短、教学内容较少、资源容量较小、资源结构"情境化"，主题突出、内容具体、成果简化、传播多样、及时反馈、针对性强等等。微课是以讲解某一知识点为目的，利用短小视频进行模拟教学的活动，包括课例视频及相关的教学设计、教学课件、教学反思和教师评价等教学资源。它们以一定的组织关系和呈现方式共同"营造"了一个半结构化、主题式的资源单元应用小环境。所以，微课既有别于传统单一的教学资源模式，又是在其的基础上发展起来的一种新型教学资源。

微课是学生课堂学习过程的再现，能充分激发学生学习兴趣和主动性。常规的课堂教学内容充实，时间冗长，学生很难有足够的耐心完完整整地听完一节课。一节课下来，多数学生不能把所有的知识都掌握好、理解好。这样，微课就起到了"解惑""巩固"的作用。另外学生对网络充满着许多向往和好奇，作为教育者，为什么不好好地利用这一教学资源呢？既可以让学生明白网络不仅仅只是用来玩游戏的，还可以轻松学知识，还可以让学生知道学习不一定要永远面对枯燥乏味的书本。

　　微课也可以让教学目标变得更加清晰，更好地帮助教师突出主题教学。要做好微课程，首先必须明确地划分好知识点，划分出的知识点，每一个都是小小的主题，而这一个个小主题，都应该围绕课程主题这面旗帜。在大数据时代的背景下，微课细化到了知识点和某一知识环节。微课作为知识体系的"标准零件"，可以适用于所有版本的教材，而不会因为教材版本的修改，使相应的配套教学资源都作废。因此，微课将会变革资源库建设理念，在更大程度上合理并长期有效地整合利用资源。

　　微课还具有促进教师专业发展的优势。首先，微课是一种平民化的研究，却可以获得富矿式的回报。教师学习微课不需要掌握太多的信息技术，只需进入微课平台，便可"多快好省"地获得很多学习、交流、沟通和提升的机会。其次，微课不受时空和人员的限制，教师无须同坐一块，无须轮流发言，可以灵活地安排自己看视频的时间、场所。这种模式能更加有效地提高教师专业成长。教学学习微课视频的速度可快可慢、可顺播也能倒放，教师遇到迷惑不解的地方可以停下仔细研究推敲，从而有充分的时间思考、与他人交流探讨，使研究更深入，能够产生比较成熟且有价值的想法和结论。这样的"真实"教研才能有效实现专业引领，教师通过微课的学习，能力也可以得到真正且有效地提高。再次，微课交流研讨的范围也更广。教师不受课程或区域等因素的限制，老师可以点击微课资源库中的任意课程资源，发表自己的意见与见解，参与交流研讨之外还可聆听专家的点评。这样大范围地交流研讨，使得教师专业发展更加有成效。最后，微课也可以实现教师个性化、专业化发展。微课的录制是教师个性化发展的途径。由于年龄、教学经历、经验等不同，年轻教师制作课件能力较强，多注重技术；中年教师具有较强的课件制作能力和经验，多符合优质需求；更年长的教师制作课件能力差，但经验丰富，其录制的微课极具参考价值，值得研究。

　　当然，由于微课是一种教师和学生获取知识的新途径，教与学之间都存在着巨大的改变和创新，所以也存在着很多的不完善和让人困惑的地方。首先，在使用的过程中，往往会出现教学资源不足的情况，如在网上搜索到的相关学科的微课不多，制作又受人手不足、技术设备不足等情况限制等等。其次，网上的微课形式多样，但能直接使用得不多。对实际教学来说，网上的微课大多都存在花哨、针对性不强等特点，所以可用性不大。最后，也要尽可能地考虑学生的学习心理、学习习惯和学习需求等，以提高学生的学习效率。这都是在微课制作应用中所要思考的问题。

数字化教学是教学发展的一种必然趋势，微课不仅能体现教师的教学思想和设计，还可以体现教师的教学经验和智慧。坚持微课辅助教学，是教学的一次重大变革，既可以提高教学效率，满足学生自主学习和发展的需求，也为教师的专业成长提供了新契机，这对教育的提升和发展都有着重要而深远的意义。所以我要在利用微课辅助教学的路上坚定地走下去，努力减负、增效，提升教学的实效性。

微课在小学高段数学课堂高效管理中的作用

深圳市龙岗区水晶城小学　裴建军

小学数学课堂管理成效要提升就需要找出办法，经实践发现利用微课管理效果显著。下面笔者结合教学经验谈谈如何利用微课实现课堂有效管理，以期为提升课堂质量提供有益借鉴。

一、教师确定数学课堂的管理目标可以充分利用微课

小学数学课堂上，有效的管理是提升数学教学效率的前提和基础，管理目标有很多种，需要和新课改的教学要求结合在一起。学生目标有知识学习目标、能力提升目标，还有情感态度价值观目标。经验性知识目标还有理论知识目标都需要经过课堂才能够实现。能力目标方面，为了增强管理的有效性还需要学生能够掌握一定的数学解题策略、方法以及技能、情感态度价值观目标方面要让学生形成正确的学习态度，对数学文化能够有探索精神。[1]教师在一节课中确定了总体目标之后才可以优化和细化课堂小目标，根据学生的兴趣爱好灵活地制定管理目标。例如，使用唤醒、激活还有鼓励的方式激发学生的参与兴趣和参与积极性。教师可以和学生共同实现对课堂的管理，学生是管理的参与者也可以成为管理主体，实施课堂管理，这样不仅仅有愉快的学习氛围，也能够使学生乐在其中，愿意接受新方式的"管理"。

例如，教师在教授学生"圆"的相关知识时，可使用微课制作形象化的视频让学生认识什么是圆，圆的直径和半径怎样确定，圆的面积公式。教师也可以鼓励学生运用知识解决生活中常见圆形的面积问题，录制成小视频微

课，这样学生会更有成就感。

二、利用微课的情境引导学生

小学数学课堂管理中，学生是主体，学生既是管理者也是被管理者，而教师适当地对学生进行引导才可以更好地实现课堂教学管理的目标。教师可以利用微课为学生创建多种教学情境，让学生参与教学活动。教师可以不断地激发学生的学习兴趣，也可以对学生的学习活动、探索知识的过程进行引导。学生只有掌握了数学知识、思想和方法之后才可以更好地学习。教师是引路者也是方向标，在学生走入岔道时可以将学生牵引到正确的路径上。教师要确定学生的最近发展区，在最近发展区组织学生学习；要确定知识的框架结构引导学生在头脑中自己建立知识结构促进知识的内化。可以采用小组学习、探究学习的方式，让学生在相互沟通和交流的过程中共同学习、共同进步。

例如，五年级下册的"统计调查"概念在小学生的生活经历中几乎没遇到，学生在学习的时候只能被动地记忆。应用微课技术，可以将社会上大量有关统计调查的信息和资料收集起来制作成微视频展示给学生，让学生仿佛身临其境，进而在学生的脑海中建立丰富的感性认识。在此基础上再进行教学，学生的直观概念清晰，对于设计简单的调查问卷、收集整理数据以及绘制折线统计图和条形统计图等方面的学习自然会得心应手。

三、微课可以帮助教师做好课后反思和管理

无规矩不成方圆，教师要建立课堂管理规则，尤其是对高年级学生实施课堂民主管理才可以让学生心悦诚服地接受教师的指导。高年级的教师在处理学生问题的过程中要站在学生的角度去思考问题，不能过分强调教师的权威地位，而应公平、公正、民主地解决问题，建立学习规范，让学生接受相关的准则的同时教师也要遵守，以便为学生树立良好的榜样。为了突出新课改的管理理念和管理目标，教师要探索新的方式，并且做好教学反思工作，养成课后反思，课后总结的好习惯。[2] 学生课上没有听懂的内容，回家可以运用微课继续学习、复习，有利于新旧知识的衔接。家长辅导学生也更加方

便，不懂的地方，可以反复观看教学重点，难点。由于视频可以反复播放，那些平时反应慢又羞于发问的学生能够从容地反复观看，较好地解决了后进生的转化问题。

综上所述，传统课堂的框框被微课打破，学生在课堂之外观看在线课程，在课堂上回顾和进行课堂活动，教师在学生需要的时候提供帮助。预设在微课里体现得更多，师生互动在微课中是没有的。因此课堂上应更加注重生成，强调在师生互动中解决问题。课堂教学活动因微课而有了更多新变化，教师需要科学安排活动内容和活动形式，在进行课堂结构设计时必须根据这些变化做出合适的调整。

参考文献

［1］邬月梅.小学数学课堂教学管理存在的问题与优化措施分析［J］.新
　　教育时代电子杂志（教师版），2016，25（34）：138.

［2］樊立军.新课改背景下小学数学教学管理中存在的问题与对策分析
　　［J］.学周刊，2017，14（18）：81–82.

第四章

培训成功案例纪实

"码课码书的设计与制作"培训纪实

——桂林山水甲天下，码课码书传桂林

深圳市龙岗区龙城小学　苏　文

2018年12月20日，桂林下小雨，冬至即将来临。空中云雾迷蒙，山间绿树红花，江上竹筏小舟。这一日，我受桂林市教师培训中心的邀请，为全市的信息技术骨干教师进行为期两天的微课程开发设计及码课码书的制作培训。

开班仪式在桂林市培训中心袁永波主任的主持下开始。袁主任寄语全体学员，要顺应时代的发展，掌握最先进的教育技术，为桂林的教育事业贡献自己的一分力量。（如图1、图2）

接下来，让我们一起来回顾吧！

图1　苏文老师开幕式讲话

图2　袁永波主任致辞

第一部分：微课程与二维码

1. 什么是微课程

（1）你们听说过微课程吗？

（2）你们听说过翻转课堂吗？

（3）你们在平常教学过程中使用过微课程吗？

通过微课程精彩案例的分享展示，学员了解了什么是微课程。（如图3）

小结：通俗地讲，微课程就是内容精、时间短，以视频为载体，集中解决一个小问题，方便学习者随时、随地、随意学习的教育教学小视频。

图3　学员认真倾听

2. 二维码与码课码书

（1）你们知道什么是二维码吗？

（2）你们见过码课码书吗？

（3）参与小组热身赛后每个代表说说在哪些情境下使用过二维码，看哪个小组说得多。（如图4、图5）

小组热身赛：

1.说说在哪些情境下用过（看过）二维码。

2.小组内先讨论2分钟。

3.每个小组派一名老师，进行接龙比赛。

4.最后胜出的小组有奖励。

图4　热身赛说明

图5　代表发言

二维码又称二维条码，是近几年来移动设备上十分流行的一种编码方式，具备信息获取、网站跳转、广告推送、防伪溯源、手机支付等功能。

信息技术改变生活，二维码作为21世纪桥接现实与虚拟最得力的工具之一，因具有制作简单、储存量大、保密性高、追踪性高、抗损性强、备

援性大、成本便宜等特性而被广泛使用。马化腾说：二维码是移动互联网入口。（如图6）

中文名	二维码	常见类型	堆叠式二维码、矩阵式二维码
外文名	Quick Response Code	常见营销方式	扫码支付、营销、电商平台
拼 音	èr wéi mǎ	主要特点	信息量大、易识别、成本低等
别 称	二维条码	应用范围	商业活动、网络链接、信息读取
		作 用	记载信息

图6　二维码简介

小结：码课码书其实就是教师运用二维码技术，将教育教学中的微课程等视频资料，收集制作成专门类别的一种书籍，让学习者利用学习设备通过扫码自主学习。可以说码课码书就是二维码与教育紧密结合的产物。

第二部分：了解码课码书的发展

随着微课程的发展，微课的数量日益增多，单个的微课程已经很难满足教育教学的需要，系统性微课程的产生就显得非常有必要。当系列性微课程达到一定体量时——就形成了码课码书。柳田牛、曾鸣、陈耿炎等老师，无疑是码课码书的先行者。（如图7）

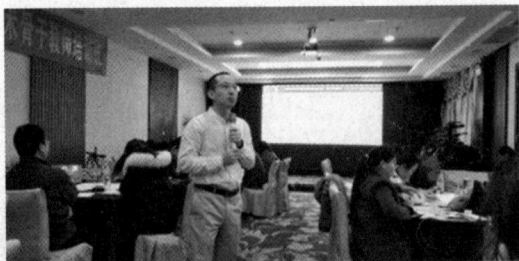

图7　苏文老师现场讲授

参考书如下（如图8）：

（1）柳田牛.体育游戏系列微课程［M］.北京：清华大学出版社，2017.

（2）曾鸣.轻松学写硬笔字［M］.北京：清华大学出版社，2017.

（3）曾鸣.轻松学写粉笔字［M］.北京：清华大学出版社，2018.

（4）陈耿炎、张惠瑶.物理趣味创意实验100个——让孩子们一起玩中学
［M］.北京：清华大学出版社，2018.

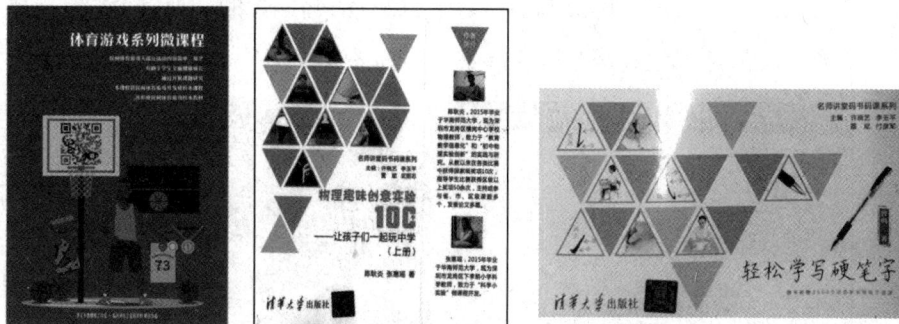

图8　参考书

第三部分：二维码的生成

二维码那么厉害，给教育教学带来了那么多便利，那到底如何制作微课程二维码呢？别急，按下面的步骤，你就可以编辑制作二维码。

1. 下载并安装二维码编辑器

（1）手机下载APP制作。（或关注二维码公众号，在线制作）

（2）电脑网站下载。（也可在线制作）

（3）微课程二维码可用颜色、文字、底图构成，也可以加上自己的LOGO（如图9）。

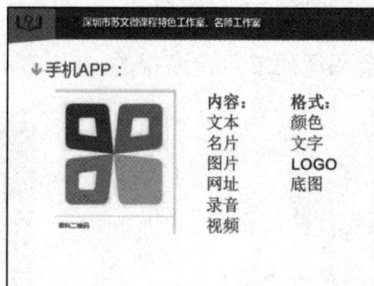

图9　码书制作步骤介绍

2. 操作体验

（1）尝试运用手机二维码生成器APP，生成微课二维码，共享至微信群。

（2）尝试运用电脑通过二维码网站，生成微课二维码，共享至微信群。

（3）二维码的编码范围非常广：可以把图片、声音、文字、签字、指纹等数字化的信息进行编码，用条码表示出来；可以表示多种语言文字；可表示图像数据。

（4）建议：创建微课二维码建议用活码。活码最大的好处是可以在不改变二维码图案的情况随时修改链接内容。（如图10、图11）

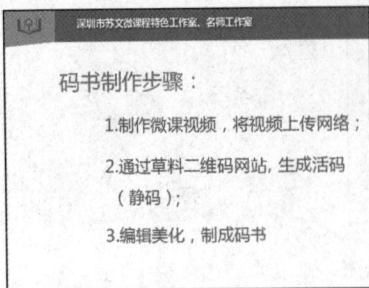

图10　码书制作步骤介绍

图11　小组合作

小疑问：活码与普通二维码有什么区别？

普通二维码：直接对文字、网址、电话等信息进行编码（不能超过150个字），不支持存储图片和文件。优点是无须联网也能扫描（支持扫码枪及特殊设备扫码）。缺点是生成的二维码图案复杂，不容易识别和打印，生成后内容无法改变。

活码：对一个分配的短网址进行编码生成二维码。生成后可以随时修改内容，二维码图案不变。可跟踪扫描统计，支持存储大量文字、图片、文件、音视、视频等内容，同时图案简单易扫。

第四部分：口袋书及码课码书宣传海报的设计与制作

1.口袋书的介绍

（1）你们见过口袋书吗？

（2）你们见过微课程宣传海报吗？

（3）让我们一起来欣赏一下吧！

（4）怎么制作口袋书才美观呢？制作格式有什么要求吗？别急，往下看。（如图12）

图12　口袋书介绍

2.口袋书制作建议

（1）第一页：标题、作者、单位。

（2）第二页：课程内容简介。

（3）正文部分：微课二维码和文字简介。

（4）倒数第二页：作者简介。

（5）末页：版权页。（如图13、图14）

图13 口袋书制作示例

图14 苏文老师现场答疑

3. 码课码书宣传海报的格式建议

（1）标题。（5个字内）

（2）作者信息。（包括姓名、单位）

（3）一个二维码。

（4）一张主体广告图。

（5）一句经典介绍或者几个关键词介绍。

（如图15）

图15 宣传海报格式示例

4. 小组合作

（1）完成一张宣传海报的制作，可以用电脑完成，也可用纸质材料完成。截图或拍照至微信群分享。

（2）通过大家的合作，制作出了非常精美的海报。我们一起来欣赏一下吧！（如图16）

图16 小组成果展示

第五部分：码课码书的系统建构

码课码书是现代信息技术与互联网的一次完美结合，其内容的优劣直接确定它是否具备生命力，而码课码书的系统性则是让受众接收的必备条件，所以码课码书系统性建构的重要性不言而喻。而系统性的建构，资源库的建设尤为重要（如图17）。

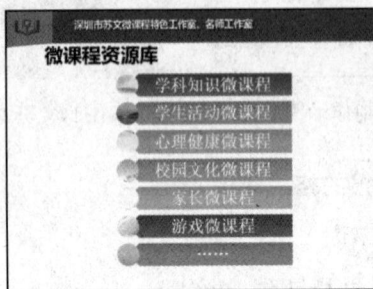

图17 微课程资源库示例

当资源库中的资源体量足够充足、足够大时，码课码书的制作水到渠成。

学员感言：苏老师语言幽默风趣、动作生动形象，老师们时不时哄堂大笑，随后就是雷鸣般的掌声。苏文老师博文广识，其生动的讲解、精彩的案例无不在大家脑海里留下了深刻的印象。感谢这次桂林之旅，感谢苏文老师精彩的讲授，感谢桂林市教育培训中心精心的组织，让我们学得开心，学得满足。

培训感悟：21世纪是网络化时代、数字化社会，知识更新、知识折旧速度日益加快。教师培训是一种传统的学习方式，但也是教师专业化成长的最有效手段。如何让培训走进教师内心？如何让教师获得更专业的知识？培训者除了具备基本的培训手段外，先进的、丰富的、深厚的知识储备也必不可少。培训者本身也要学习，要接受新思维、新举措。

期待自己能在学习这条路上越走越远。

微课制作之PPT设计

——感受微课魅力，助力专业成长

深圳市宝安区黄田小学 耿 琳

随着互联网科技的不断发展，人类进入了微时代，微课设计已成为我国教育信息化的热点。微课创作能力自然成为教师信息化教学能力的重要组成部分。作为一线的教师，我们应紧跟时代的步伐，重视微课制作与设计，重视微课对学习者的引领和帮助作用。深圳市龙岗区进修学校将"微课制作与设计"这一理念率先引入师资培训中来，既给有经验的教师提供展示的舞台，又为青年教师提供学习成长机会。

我很荣幸成为龙岗区微课培训教师，能有机会在龙岗进修学校，与龙岗教师共同走进微课世界，一起体验微课的魅力！捷克教育家夸美纽斯曾说，教师是太阳底下最光辉的职业。这份职业的神圣性和高要求，让我们教师产生无形的心理压力，时刻不敢懈怠。作为一名微课培训师，如何才能快速拉近与同行的距离，给从繁忙的工作中抽出时间参加培训的老师减压，实现教师快乐地教，学员轻松地学呢？我决定采用绘画心灵减压法、问题导入法来放松学员心灵。

经过心灵减压与问题讨论交流，教师间的陌生感消除，大家对"微课制作与设计"的兴趣大增。我们带着轻松愉快的心情，开启培训之旅——微课制作之PPT设计。（如图1、图2、图3）

图1　心灵减压——快乐绘画

图2　问题出发——激趣引入

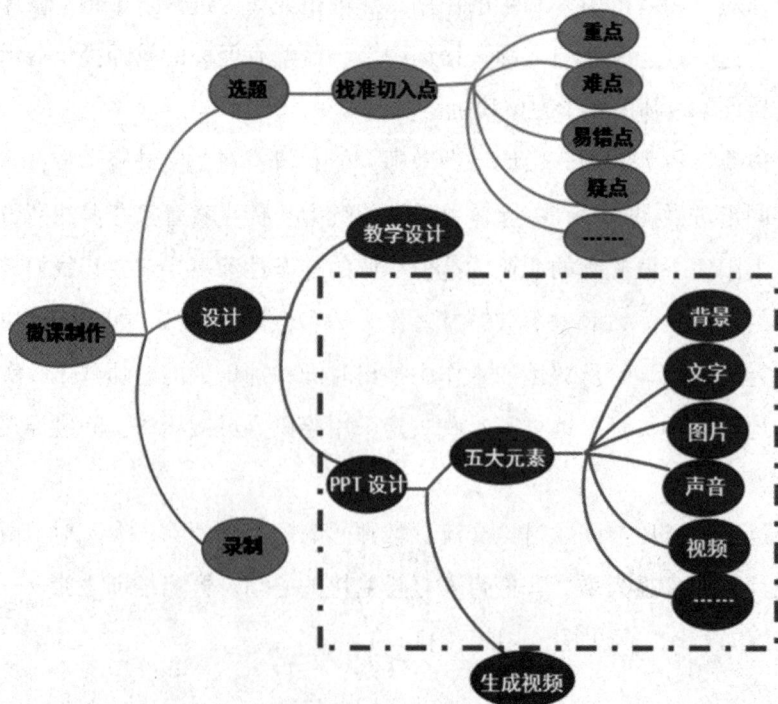

图3　微课制作过程的思维导图

PPT设计微课主要用到五大元素。如果对五大元素处理得当，对你制作的微课而言，就是锦上添花。那么接下来，我们重点学习PPT设计的五大元素。

一、背景——衬托情景，彰显风格

PPT制作一般需要一个符合主题的背景，因此要学会设置背景，更重要的是要学会选择合适的背景风格，让整个PPT更加符合主题设计，同时也更加美观。

1. 试一试：设置PPT背景格式（如图4、图5、图6）

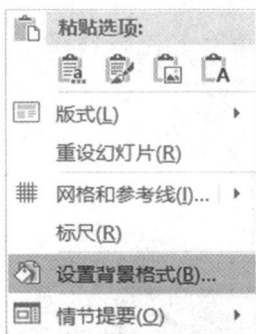

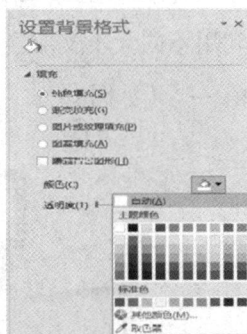

图4　空白幻灯片右击　　　图5　选纯色　　　图6　白色或黑色

2. 小技巧（如图7）

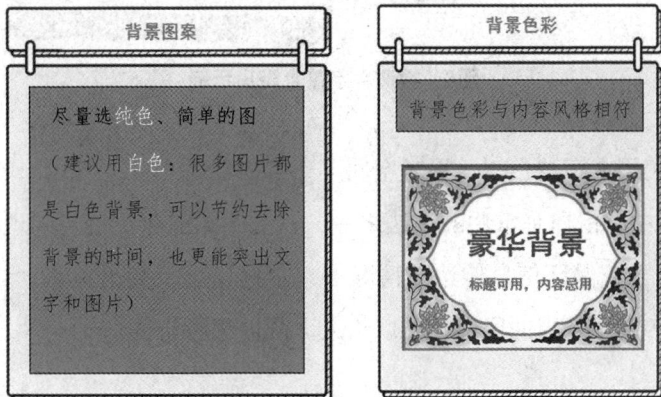

图7　背景图案搭配小技巧

二、文字——传递信息，画龙点睛

在PPT中，文字往往承载着信息传递的重任，但它却是最不受重视的元素之一。PPT文字排版的好坏，直接决定了微课质量的高低。俗话说：字不如图，图不如表。但不少人总喜欢堆砌一大堆文字，添加各种颜色，这是无法达到预期效果的。

1. 试一试：PPT中插入文字

插入文本框和艺术字。

2. 小技巧

（1）打破常规的文字摆放——与众不同

利用不同大小文字、不同颜色文字、不同倾斜角度文字进行构图，会让人眼前一亮（如图8）。

图8　微课文字重点突出示例

（2）利用文字留白——思考空间

在国画中，留白是常用的手法之一，让人感觉韵味十足。同理，PPT中文字不要太满，在保证信息传达的情况下，尽量精简，突出重点，让冗杂变得简洁（如图9）。适当的留白，可以给人无限的思考空间。

图9 微课排版太满示例

（3）改变字体——重点突出

为了让个别文字色彩醒目、和谐，可以从网上搜索字体，下载软件，如方正、华文、文鼎等（如图10）。

图10 字体安装小技巧

（4）文字添加动画——生动活泼（如图11）

图11 动画制作示例

161

三、图片——形象解读，引导思考

图片作为PPT中最常见元素，在PPT制作中有着举足轻重的地位。但图片的寻找着实是一门技术活，很多人为寻找一张合适的图片耗费了大量的时间。好不容易在百度搜到一张合适的，可是背景和水印与PPT内容无关，不是自己想要的，实在让人抓狂。那么，如何处理下载后的图片呢？

1. 试一试：去除图片背景（如图12、图13）

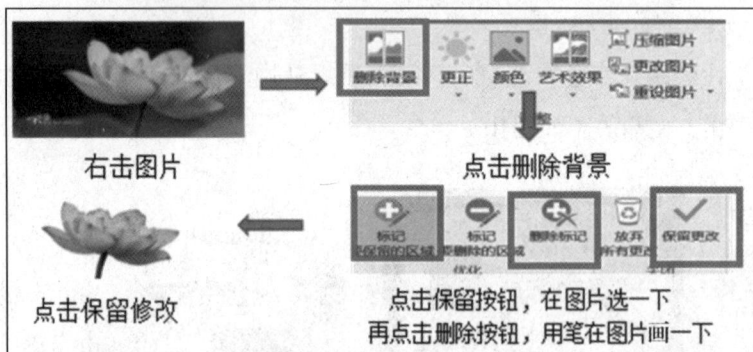

图12　去除图片背景

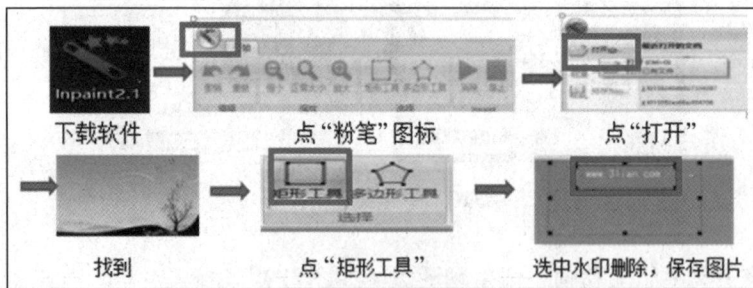

图13　去除图片水印

2. 小技巧

（1）要图片清晰，无变形，图案不能太复杂。

（2）图片的风格尽量一致。如卡通图片和照片不能混用，中国的图片和外国的图片不能混用。

（3）文字和图片组合时，要注意面积、色彩、图案的搭配，做到上下、左右均衡，不要给人感觉某部分太沉重。（如图14）

图14　图片处理精彩瞬间

四、声音——突出主题，烘托气氛

1. 试一试：插入背景音乐（如图15）

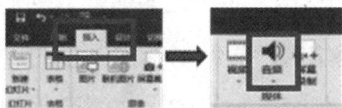

点插入　　　　　　选音频

图15　插入背景音乐

2. 小技巧

背景音乐选择：

（1）与主题内容相符（平静、欢乐、忧伤、雄壮）。

（2）节奏最好有变化。过于平淡，容易让人产生审美疲劳。

（3）纯音乐与歌曲运用要合理。

3. 软件推荐（如图16、图17）

　　　　　　

图16　金　波　　　　　　图17　格式工厂

163

五、视频——生动形象，吸人眼球

1. 试一试：插入一段视频

视频的插入，同上面声音的插入一样。

视频编辑软件推荐（如图18）。

图18　软件推荐

2. 小技巧

（1）截取精确，不要拖泥带水。

（2）不宜过长，否则不利于传播（5分钟以内）。

（3）清晰度至少达到标清水平（720×576）。

微课短小精悍，内涵丰富，给我们带来更多的思考，因此在讲解的过程中，我特别注重启发学员教师进行思考，如微课是技术重要还是教学设计重要？如何设计才有创意？因为教育的最高境界并不是知识的单一传承，技能的机械模仿，方法的简单重复，而是启迪学生的智慧。"微课"不微，微课里有大智慧。感谢龙岗区进修学校给我学习和成长的机会，感谢互相鞭策与激励的同行，我们在教育路上一起追梦、一起成长。（如图19）

图19　上课教室

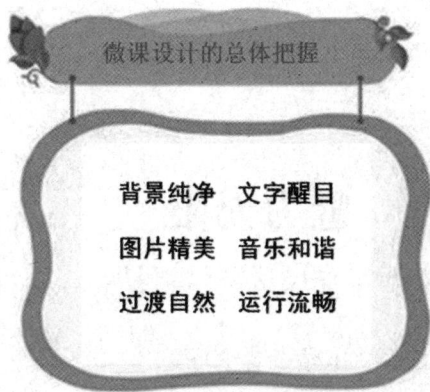

微课设计的总体把握

背景纯净　文字醒目

图片精美　音乐和谐

过渡自然　运行流畅

去电大培训的学员

16:33:05

这个太实用了

16:33:15

哈哈，超级简单！

图20　微课制作的注意点　　　　图21　学生上课中

　　"微课，只为成为有想法的人。"李玉平老师说，"做微课绝对不是技术活，而是思想活。"技术只不过是微课制作中最简单的一环，设计的创新和选题才是最重要的。微课设计是教师专业成长的基石。设计出好的微课，让微课为我们的课堂助力，是我们教师孜孜以求的方向！

微创教育　魅力无限

——"手机微课程开发与应用"培训纪实

深圳市龙岗区安良小学　黄少玲

　　2017年8月28日上午9：00，历经近两个月的厉兵秣马，龙岗区进修学校组织的"万人培训"正式拉开序幕，50名优秀的培训师奔赴全区一百多所公办、民办学校，给上万名教师带去了一场饕餮盛宴。很荣幸，我也能成为其中的一员，与塘坑学校、龙鹏小学、龙岗星河实验小学、依山郡小学近400名老师分享"手机微课程开发与应用"（如图1）。

图1　星河实验学校培训合影

一、科技改变生活、改变学习方式

　　培训开始，我从马云的无人超市讲到汽车的自动贩售店，再到京东、天猫和亚马逊的自动化分拣，让学员感受我们正处在一个科技急速发展的时代，很多行业都已经不再需要我们去亲力亲为。而我们的课堂也可以通过手机微课程实现随时、随地、随意的"三随"学习。

二、全员全心投入手机微课程学习

在让学员们感受到手机微课程的魅力后，我从手机微课程的作用、制作、设计及应用四个方面进行讲解，理论与实操相结合，让学员快速掌握手机的拍摄技巧和两个常用的拍摄场景：出境讲解录制和白纸彩笔录制。在介绍手机微课程的设计时，图形与精彩片头更是让学员感受到手机微课程的趣味性。而手机微课程与蓝墨云班课平台的结合则给学员展示了手机微课程在实际教研、教学中的巨大实用性。（如图2）

图2 教师们在用手机制作微课

学员们互相合作帮助，积极探讨，分享各自的观点，团队开发微课程。

三、团队合作作品多、收获多

通过参加这次"手机微课程开发与应用"的培训，学员们都能设计出具

有学科特点的手机微课，并且在此次培训中也感受到了小小微课的大魅力以

及体会到身在快速发展的信息时代不断学习的必要性。（如图3）

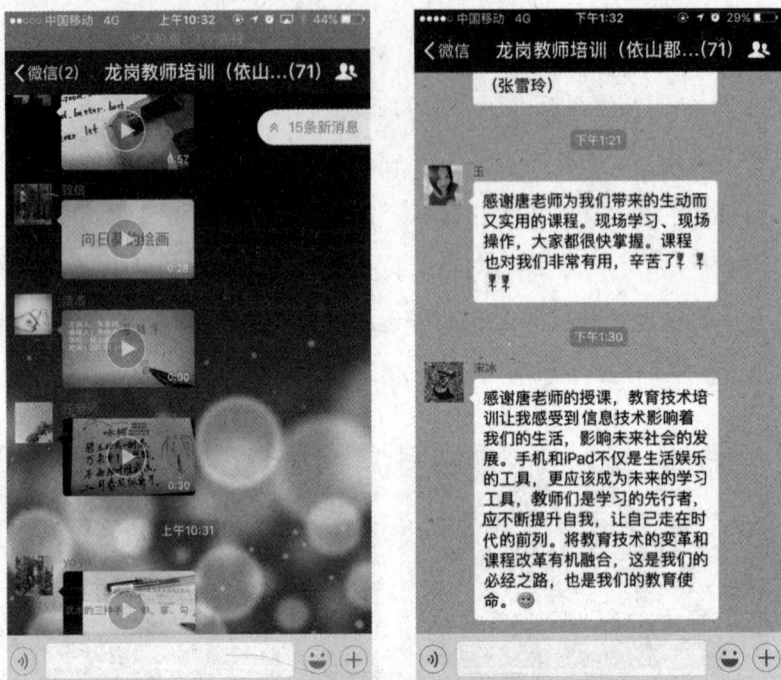

图3　教师们分享学习感受

微微一学　课创天下

——"微课程开发与应用"培训纪实

深圳市龙岗区横岗聚英小学　吕丹丹

2017年8月29日，一个阳光温暖的下午，带着龙岗区进修学校雷斌老师的嘱托和期待见到教师们的激动心情，我来到了龙岗区振新学校，开展手机微课程版权课程培训。对于教龄只有2年的我来说，这是一场具有特殊意义的培训。（如图1、图2）

| 图1　培训现场一 | 图2　培训现场二 |

面对面建群发红包一下子把整个会场气氛都调动起来了，就这样我开始了轻松、愉快的手机微课程培训。听课的教师对手机微课程的学习兴趣都非常浓厚。这一次，我从手机微课程的作用、制作、设计、应用四个方面进行了具体讲解，并重点讲解了每个制作的技巧。教师们孜孜不倦的学习态度让我很是感动，也足可以说明，微课程在一线教学中真的很实用。（如图3、图4、图5）

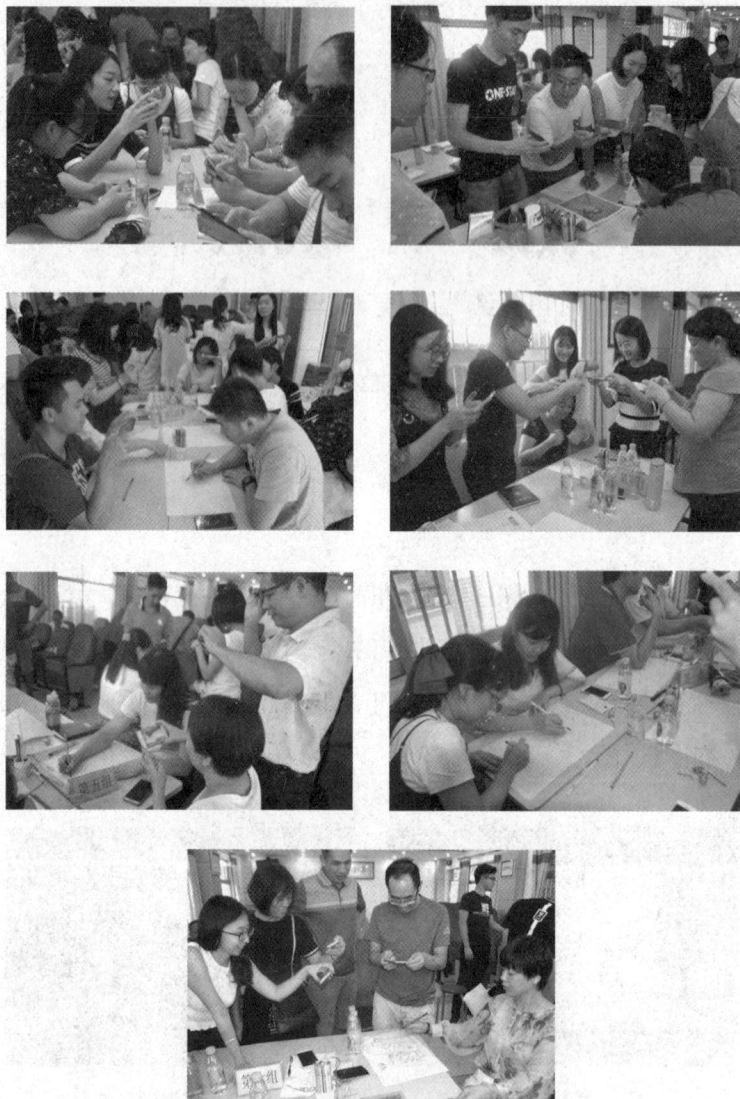

图3 我们认真的时候，真的很美

图4 微微一学，作品多多

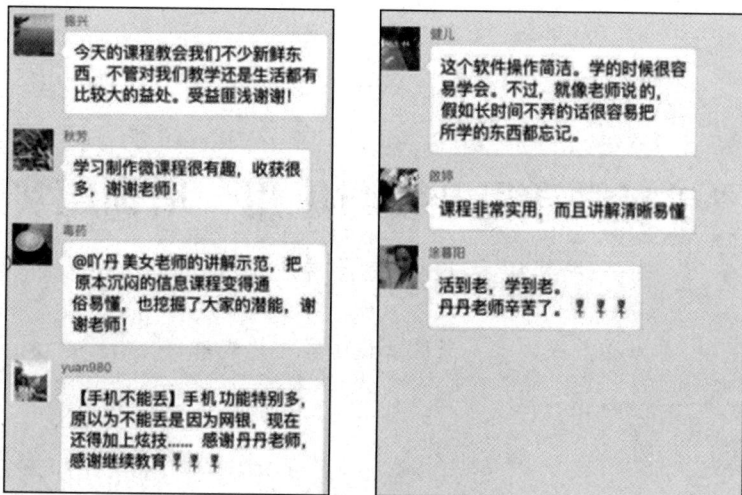

图5 学员反馈

看了教师们学习的心得体会心里暖暖的，对于我来说，这是莫大的鼓励和支持。秉着学习的心态，我会跟更多一线教师分享微课程在教学中的使用价值，愿我的教育教学之路越走越广阔。

非常感谢龙岗区进修学校肖春红校长和雷斌老师为我们搭建了平台，不仅锻炼了我们的能力而且挖掘了我们的潜力。教育的道路上就是要不断地探索有效的教学方法，我愿继续探索微课程的魅力。

"手机微课程开发与应用"培训纪实

——手机微课程，让我遇到更好的自己

深圳市龙岗区清林小学　许晓虹

写在前面：

2017年的暑假，是学习与历练的际遇。

在龙岗区暑假继续教育周里，我荣幸地被龙岗区进修学校安排到四所学校、为近400位教师开展主题为"手机微课程"开发与应用的培训（如图1）。

圆满完成四场培训任务，与我们前期的学习与磨炼分不开。热爱手机微课程的我们，通过近12个小时的手机微课程（版权课程授权）封闭式培训，最后通过专家评委面试考核，终于成功通过了该课程的培训师资格评审认证。

现在，让我们一起重温手机微课程的培训纪实吧！

图1　参加区手机微课程培训

一、手机微课程的作用

1. 精熟学习与微课程

你们听过"精熟学习"吗？

你们听过"可汗学院"吗？

（1）分享萨尔曼·可汗的故事。（结合幽默的图形化来讲解故事，更好地吸引学员进入学习。）

（2）什么是精熟学习？（对比认知，让概念理解更轻松。）

（3）小结：可汗学院开设微课程就是给有需要学习的人提供一个平台（如图2、图3）。（"哪里不会、补哪里"。）

图2　可汗学院创始人

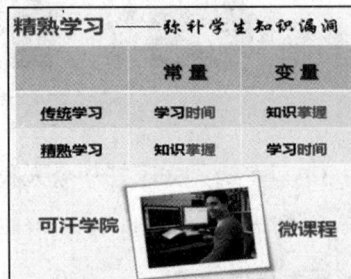

图3　传统学习与精熟学习对比

2. 手机微课程的特点

（1）简单：易操作、时间短、主题少、老少皆宜。（能用手机就行。）

（2）好看：故事化、有趣味、有动画。（可以使用延时摄影。）

（3）易懂：图形化、关键词、平常话。（让人"秒会"。）

二、手机微课程的制作

1. 手机拍摄技巧

（1）手机齐齐拿起来（如图4、图5）。（鼓励学员动手。平常怎么拍？竖着拿？错！）

图4　手机拍摄技巧

（2）四步口诀：手机横着拿，镜头在左边，右手来控制，双臂略加紧。（口诀朗朗上口，好记。）

图5　教师们学习拍摄

（3）口令语：大家好！今天我给大家……谢谢！

（4）推荐拍摄神器：手机三脚架、手机支架。

2. 乐秀界面介绍

逐个介绍各个功能，后续结合实际操作进行讲解（如图6）。

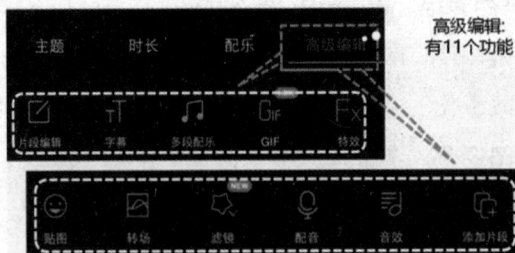

图6　乐秀界面介绍

3. 出镜讲解录制+旋转+添加字幕

（1）小技巧：找个"托"录制40秒（如图7）。（聊"TA"熟悉的话，消除紧张感。）

（2）请大家一起录制一段视频，当作一段微课素材。（要求"托"侧对观众，面对培训师。）

（3）拍摄口诀：手机横着拿，镜头在左边，右手来控制，双臂略加紧。

图7　出镜讲解

（4）如何给录好的手机视频添加字幕？选择"高级编辑"→点"+"输入片头和片尾的字体→可以改变字体的特点→调整字幕播放时长（下方白色区域）→保存并导出视频（如图8）。（采取比赛的形式，快速导出作品，调动教师积极性。）

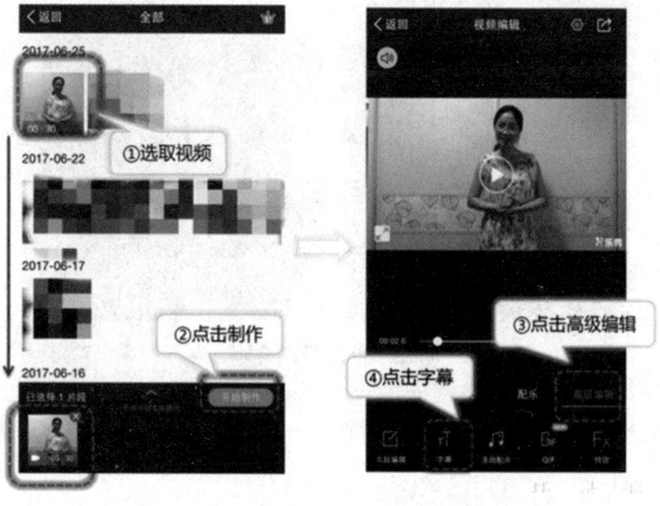

图8　编辑视频，添加字幕

俗话说：看过了会忘记，听过会记得，做过了才会理解。

4. 四步命名法+分享+导出

假如你做过的微课程有很多，有时候却很难找到你想要的那个微课。怎么办呢（如图9）？

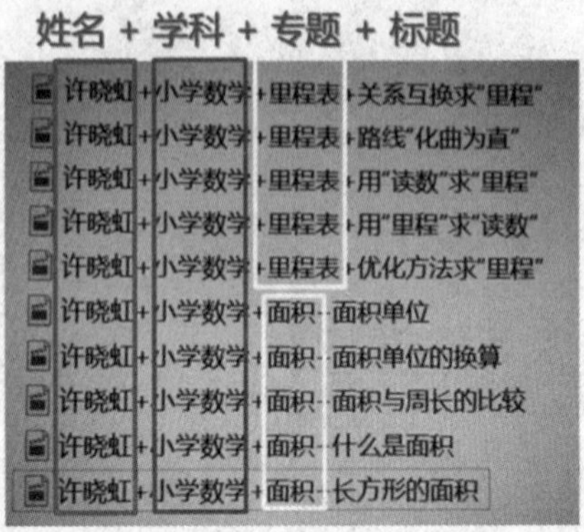

图9　四步命名法

支招：用"四步命名法"——文件名一般为"姓名+学科+专题+标题"。（把四个因素排列起来，想快速找到一个微课，就非常方便了。）

5. 白纸彩笔录制+重复练习+配音

（1）录一段40秒的小视频：用彩笔在白纸上写或画（如图10）。（建议：一般使用三种颜色的彩笔。）

图10　白纸彩笔录制

（2）重复练习操作。（俩人合作，一人用彩笔白纸作图，一人录，制作一段视频。）

（3）给小视频进行配音（如图11）。

视频编辑→选取视频→高级编辑→配音→调整配音位置（下方白色区

域）→设置配音音量（上方）→保存并导出。

建议：配音时，手机离面部距离为大约15厘米。

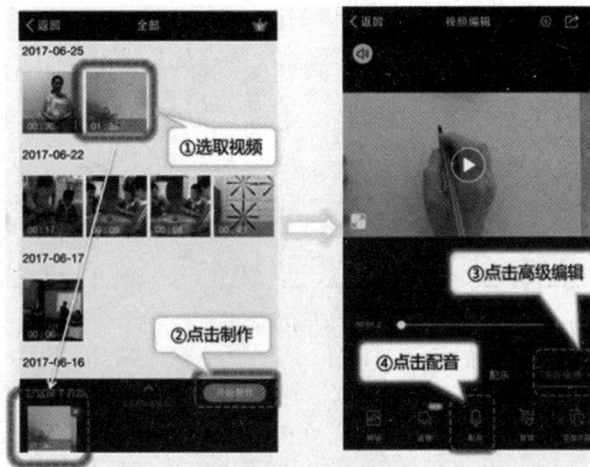

图11　编辑视频：配音

三、手机微课程的设计

1. 图形化

一般人记图像的能力都很强。（举例：遇到路人，熟悉其面孔，忘记其姓名。）

（1）简笔画、思维导图、状物图……都属于图形。

（2）好记、效果好、吸引人（如图12）。（优秀的教师善于对信息进行精加工、将大段文本图形化，数形结合。）

文字学习 → 图片化信息

图12　图形化的意义

2. 故事情境

把"讲课的内容"变成"故事"，是吸引学生的最好办法（如图13）。

（1）作用：人人都喜欢听故事，能吸引学生注意力。

（2）话语体系：老师用学生的"话语体系"，学生会很喜欢。

注意：微课中要有丰富的表情、动作、语音语调。

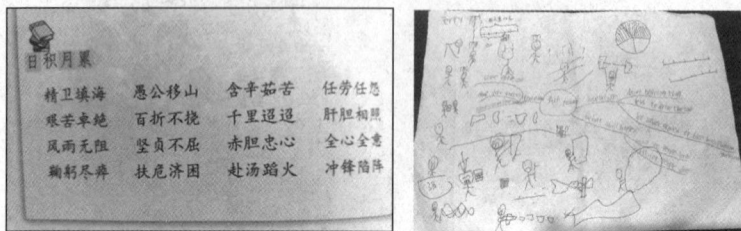

图13　创编故事

3. 片头与延时摄影

精彩片头，好的开始是成功的一半！

（1）延时摄影技术——以第一秒吸引人，提高观赏性（如图14）。（操作：相机→"延时摄影"选项。）

图14　摄影技巧：延时摄影

（2）选择三色笔，颜色丰富，容易识别。

建议：笔帽提前打开，方便操作。

四、手机微课程的应用

1. 常见的应用场景

（1）课堂突破难点、学生回家看不会的知识、学生在家学提升知识、家长看后批改作业、学生在校行为规范学习、学生在家行为规范学习。

（2）班级学校环境介绍、建立班级学生视频档案。

（3）扫码看办事流程、技能（器乐、绘画）学习。

（4）一线教师在线学习、制作码课码书。

例如"码课码书"，哪里不会，扫哪里（如图15）！

图15 手机微课程应用场景

2. 备课组开发+培优补差

从不同维度，分工合作，录微课+学案。

（1）做"拓展点"。

（2）做"考点"。

（3）做"知识点"。

（4）做"易混淆题目"。

分层教学、分层布置作业，培优、辅差、查漏、补缺。

目的：培优、创质（如图16）。

图16 跨时空的学习变革

3. 蓝墨云班课平台

从不同维度，分工合作：

（1）激趣：激发兴趣是关键。

（2）讲解：讲解是平台的核心。

（3）练习：练习是使用平台的关键。

可以观看他人的班课（搜邀请码）进行学习；可自己建班课，添加内容，提高学生学习积极性（如图17）。

图17　蓝墨云班课学习平台

写在后面：

一直在思考，给一群教师做培训，应该也如同教好一个班的学生一样，要用爱心、耐心、幽默、风趣等去带动和感染他们，这样才能"俘虏"学员的心，自己的培训也才有可能更受欢迎。所以，当培训后看到教师们有了不少的收获时，我心中倍感欣慰（如图18）。那也是激励着我前进的动力！

感谢龙岗区进修学校，感谢肖红春校长、雷斌主任给我提供了一个展现自我的舞台。

手机微课，让我遇见更好的自己！

图18　手机微课程授课剪影

"微课程之录屏技术"培训纪实

深圳市龙岗区梧桐学校　徐　巍

（1）介绍培训目标，明确此次学习的短期目标和长期目标（如图1）。

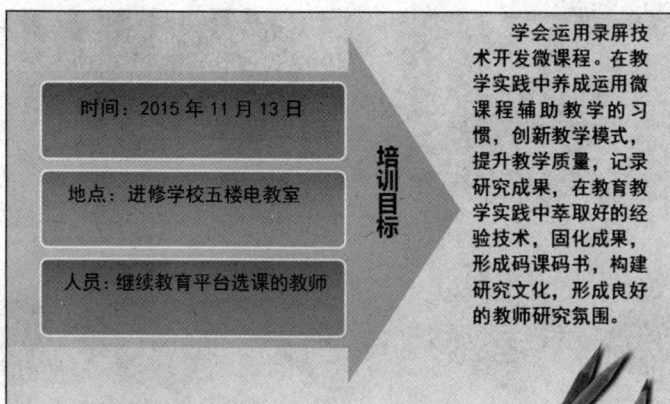

图1　培训背景及目标

（2）介绍录屏技术的起源及发展历程、受欢迎程度（如图2）。

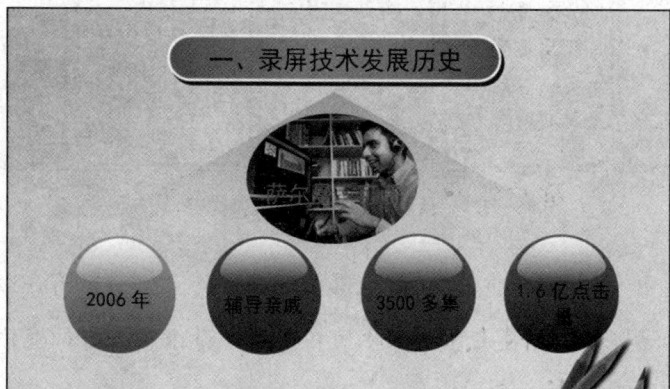

图2　培训过程纪实

设计意图：让教师们直观感受原汁原味的可汗课程，即录屏微课程，激发教师们想要学习录屏微课程的欲望。

（3）介绍录屏微课程的特点和优势，让学员了解录屏技术受欢迎的原因（如图3）。

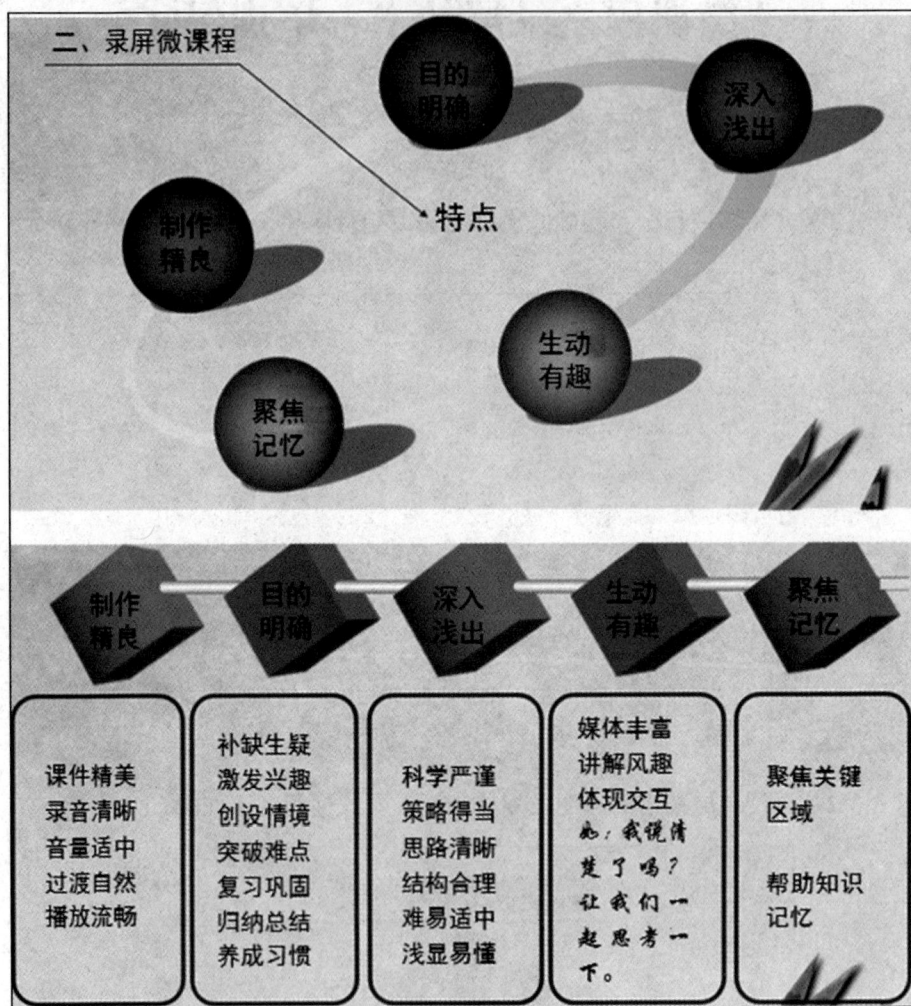

图3　录屏微课程的特点和优势

设计意图：让教师们深入了解录屏微课程的特点，明白为什么要学习录屏技术；让老师们真切感受录屏技术可以给教学带来不一样的变化，真正为提升教学质量努力。

（4）介绍录制前的准备工作，进行相应的设置和调试（如图4）。

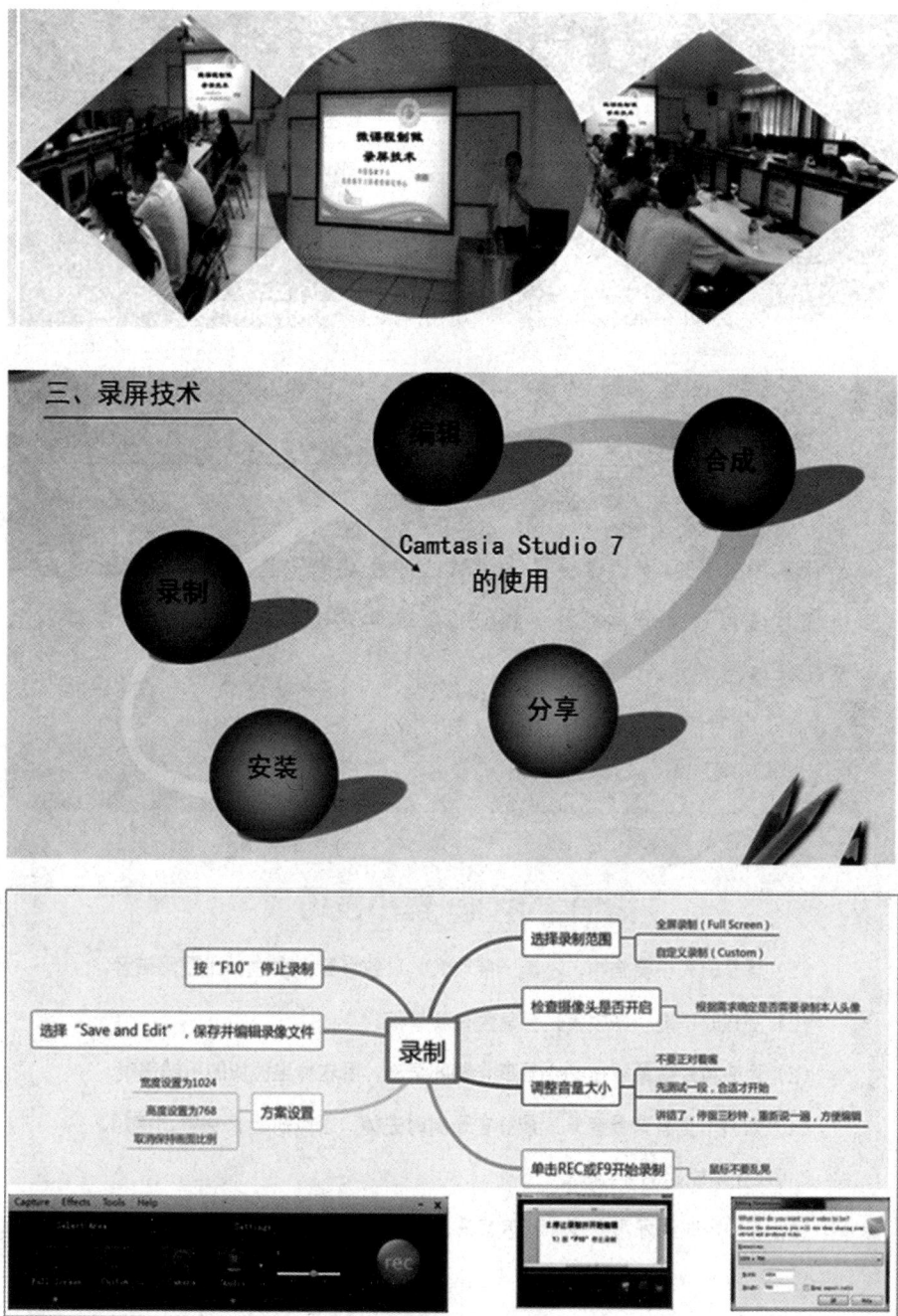

图4 录制前的准备工作

（5）图文介绍如何编辑已录制的视频（如图5）。

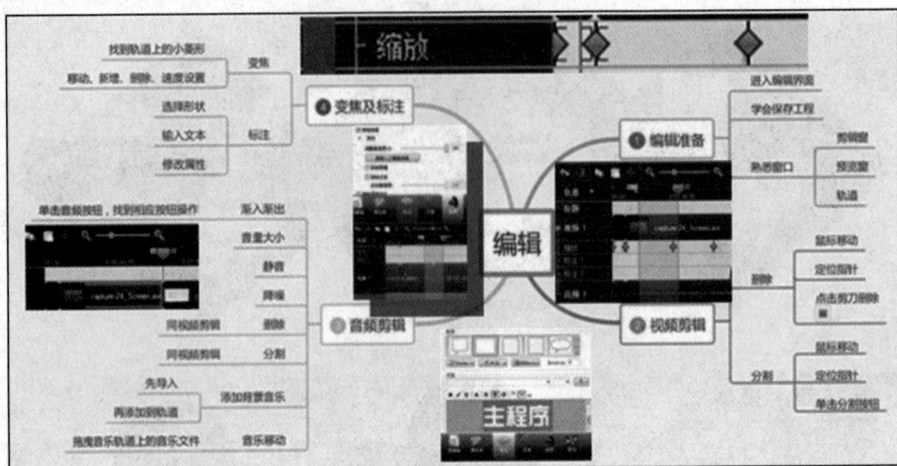

图5　编辑已录制的视频

设计意图：为尽快让学员熟悉操作，事先要新老搭配分组，让学员分模块讲述操作流程。然后再进行实践操作。其间我巡视反馈，个别讲解，最后让学员限时巩固。

（6）录屏时需要了解的小技巧（如图6）。

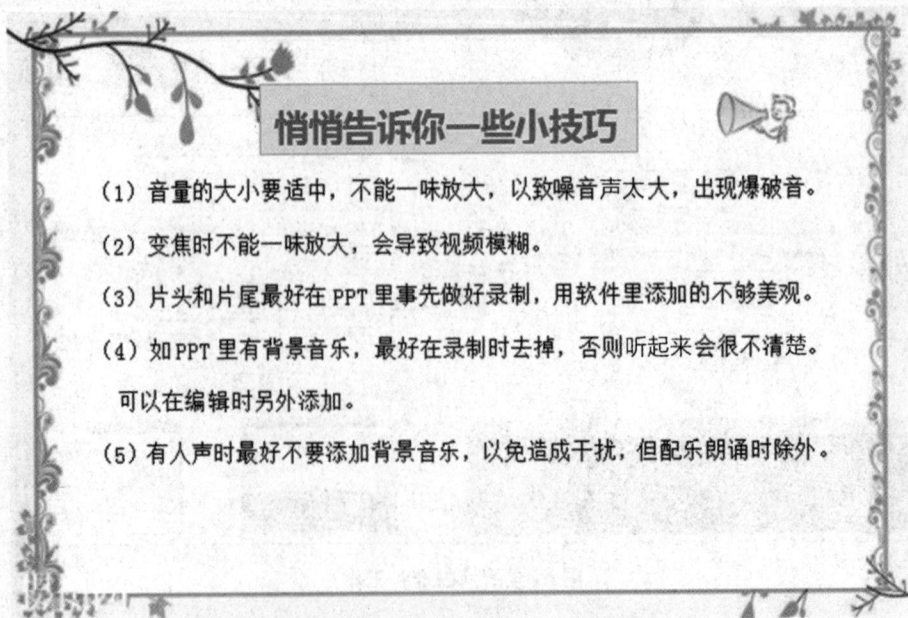

悄悄告诉你一些小技巧

（1）音量的大小要适中，不能一味放大，以致噪音声太大，出现爆破音。

（2）变焦时不能一味放大，会导致视频模糊。

（3）片头和片尾最好在 PPT 里事先做好录制，用软件里添加的不够美观。

（4）如 PPT 里有背景音乐，最好在录制时去掉，否则听起来会很不清楚。可以在编辑时另外添加。

（5）有人声时最好不要添加背景音乐，以免造成干扰，但配乐朗诵时除外。

图6　小技巧

（7）介绍生成视频的步骤及现场学员们的听课感受（如图7）。

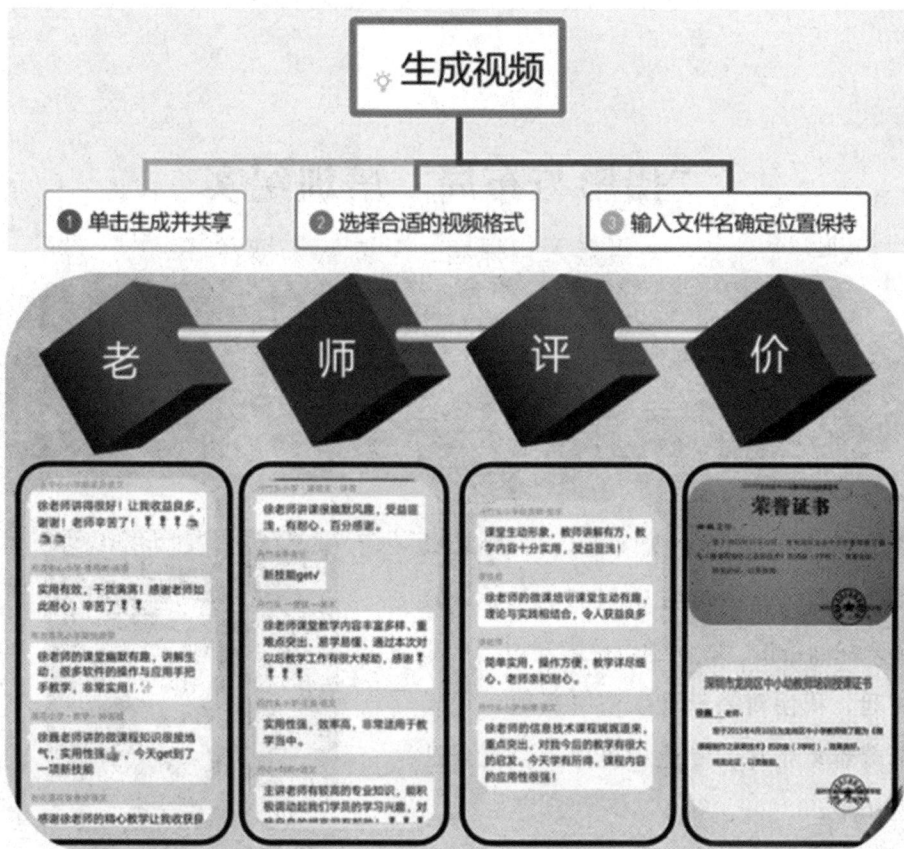

图7 视频生成步骤

"摄影与布局"培训纪实

——摄影入门课程，从零认识摄影

深圳市龙岗区宝岗小学　李锡坚

　　1999年，家兄在龙岗开了一间婚纱摄影店。时读高中的我（如图1）每年暑假都来深圳帮忙，顺便学习摄影知识。从那时起，我便对摄影产生浓厚兴趣，每天都端着装胶片的专业相机把弄，至今已近20年。

　　因爱好摄影，我加入龙华区摄影家协会进一步学习，开发了"学校活动摄影技巧""摄影与布局""人像摄影技巧""摄影眼培养""手机摄影必学技巧""摄影后期技法"等12节系列课程，

图1　1999年初涉摄影时的李锡坚老师

先后应邀到龙华、平湖、观澜、坂田等社区，为居民、兄弟学校教师做摄影培训34场。

　　2018年8月26日，我应邀为龙华三联社区居民做《摄影与布局》专题培训。让我们一起看看培训纪实吧！

　　开场我用齐声打招呼的方式调动课堂气氛，摄影学员也变得自然许多（如图2）。

图2 培训伊始热身破冰

紧接着，我引导大家讨论一张好照片的标准，让学员慢慢体会摄影与拍照的区别（如图3）。

图3 与学员一同探讨好照片标准（1）

经过深入的探讨，大家领悟到一张照片是不是好照片可以由几个特别重要的要素来衡量，如清晰度、比例、角度、曝光度、想象空间、故事性等。

为了让大家更形象地理解好照片的布局技巧，我用自己的一系列作品作为例子详细讲解照片中主体、陪体和环境的关系，让大家充分理解主体与陪体的关系，即主体与陪体需要有一定的"呼应关系"，运用虚实相映的技法可进一步提升主体的突出与陪体烘托作用。大家渐渐摸到了摄影的门道（如图4）。

图4　与学员一同探讨好照片标准（2）

评照片是最后一个环节，我组织所有在场的摄影爱好者面对面建群，让每位学员发两张自己拍的照片，运用刚学的摄影知识与大家一起点评。通过点评，学员重新温习摄影知识，能用专业的词语和专业眼光分析照片的优点与不足，并能对照片提出合理化建议（如图5）。

图5　与学员一同探讨好照片标准（3）

转眼两个小时的课程很快就接近尾声了，我带着学员们再一次回顾所学内容，希望学员以后能将所学内容运用于实际摄影。

摄影是一门艺术，摄影培训的目的是让学习的人掌握摄影的技巧和方法。要想玩转摄影艺术，需要的不仅仅是这些技巧，更需要爱好者的用心与坚持。

第五章

优秀微课程作品赏析

数学解题策略

◆◆ 小学数学学科系列 ◆◆

苏 文

本微课的内容选自北师大版小学《数学》教材。

数学解题中的策略无处不在，有些策略是大家耳熟能详的计算法则、定律、性质、公式等，而有些策略则有待于我们去思考，去探索，去发现。

请关注"数学解题策略"，它会带给您全新的感受！

1. 24点练计算。

2. 3的倍数巧判断。

3. 先排大车？先排小车？

4. 等量代换法。

5. 巧解"鸡兔同笼"题。

苏文：数学解题策略

苏文简介：1999年参加工作，现任龙岗区龙城小学办公室主任，多次承担市、区示范课，是区小学数学学科中心组成员、龙岗区名师工作室主持人、全国高质量学习微课程培训核心成员，在全国各地开展了近百场微课程培训、讲座。

点评：教无定法。选择不同教学策略，不仅有助于弥补课堂内容环节的不足，提升学生知识理解的有效性，而且有利于学生系统掌握知识与进行整体认识。教学中，我们要根据学生的学情，在最接近学生认知区域的地方切入，把教材变成学生可以自己进行探究的学材，在有限的时间内引领学生走向更远的地方，使学生能够逐步自主发展。

鸡兔同笼的趣味解法五种

◆◆ 小学数学学科系列 ◆◆

王　玮

本微课的内容选自北师大版小学《数学》教材。

鸡兔同笼的解法有许多种，教材中介绍的是列表法，而本微课介绍的是其他五种方法。

请关注"鸡兔同笼的趣味解法五种"，将带给您全新的感受！

1. 金鸡独立法。

2. 特异功能法（1）。

3. 特异功能法（2）。

4. 画图法。

5. 吹哨法。

王玮：鸡兔同笼的趣味解法五种

王玮简介：2015年参加工作，现为深圳市龙岗区龙城小学数学教师。

点评："鸡兔同笼"问题是历史悠久的数学问题，具有很高的数学文化价值，一题多解能够促进学生数学思维的发展。

两位数乘法之比大小

◆◆ 小学数学学科系列 ◆◆

谢元元

本微课的内容选自北师大版小学《数学》教材。

两位数乘两位数进行比较，除了直接计算出结果进行比较，还有没有简便的方法可以判断呢？给你四个数，组合成两个两位数，怎样能让它们的积最大或最小呢？其中的变化规律是怎样的呢？

请关注"两位数乘法之比大小"，一起学习不一样的比大小策略。

1. 用简单估算法比大小。

2. 结果一样吗？

3. 怎样填，结果最大？

4. 怎样填，结果最小？

5. 用拆分法比大小。

谢元元：两位数乘法之比大小

谢元元简介：2015年参加工作，现为龙城小学四年级数学教师，曾荣获"作业盒子口算比赛优秀指导教师"称号。是苏文名师工作室学员，已开发微课程20集，多次获龙岗区微课程比赛奖项。

点评：计算是数学的基础，但仅仅只计算结果是远远不够的。我们要在探索中发现运算的变化规律，去尝试用更简便、更灵活的方法解决计算问题。

面　积

◆· 小学数学学科系列 ·◆

许晓虹

本微课的内容选自北师大版小学《数学》教材。

"面积"这个知识点看似简单，但相关的学习内容却很丰富，如面积和周长的比较、面积的单位、面积单位之间的换算、长方形的面积等等。运用一些巧妙的学习策略，可让学生轻松理解并掌握知识。

请关注手机微课程"面积"，将带给您全新的学习技巧和方法！

1. 什么是面积？

2. 面积与周长的比较。

3. 面积的单位。

4. 面积单位的换算。

5. 长方形的面积。

许晓虹：面积

许晓虹简介：2003年参加工作，现任龙岗区清林小学数学科组长，是深圳市优秀教师，龙岗区骨干教师，龙岗区"幸福家长学校"授课认证讲师，龙岗区"手机微课程应用与开发"讲师，多次参加市区小学数学教学基本功比赛、说课比赛、论文比赛获一等奖。

点评：教学中多一些巧妙的教学技巧，学生的学习就能事半功倍。微课中呈现的知识技巧、概念对比、情境设计、操作实例、解决问题等方式，有利于学生更好地理解和掌握"面积"的知识点。我们的目的是传授给学生数学的思维和方法，这能更好地提升学生的数学素养。

乘法巧算系列

◆◆ 小学数学学科系列 ◆◆

杨淑锦

本微课的内容选自北师大版小学《数学》教材。

计算是小学数学中一项重要的基础知识，贯穿小学数学教学的全过程。那么在计算中是否存在一些技巧呢？根据数据特点适当运用巧算的方法，我们不但能算得更准、还能算得更快。

敬请关注"乘法巧算系列"，它会帮你找到答案！

1. 互补数与叠数相乘。

2. 与11相乘。

3. 与101相乘。

4. 个位相同，十位互补的两位数相乘。

5. 十位相同，个位互补的两位数相乘。

杨淑锦简介：2015年6月毕业于深圳大学，是校级优秀毕业生。2015年8月任职于龙岗区龙岗街道中心小学，2018年被评为"区优秀教师"。工作四年先后荣获街道、区级、省级、国家级奖项共十余项。

杨淑锦：乘法巧算系列

点评：教师要善于引导学生对计算题进行观察、思考，判断能否进行巧算。同时利用口诀可以帮助学生记住巧算的方法，以确保计算的正确性与计算方法的合理运用，进而培养学生思维的敏捷性和灵活性，提高计算效率。

三位数除以一位数

◆◆ 小学数学学科系列 ◆◆

苏泽萍

本微课的内容选自北师大版小学《数学》教材。

三位数除以一位数是小学数学中段一个重要内容，学会这一系列内容对后续学习三位数除以两位数等相关知识有重要作用。分类型去学更能让学习事半功倍！

请关注"三位数除以一位数"，让您快速掌握三位数除以一位数的不同类型。

1. 三位数除以一位数（被除数中没有0）。

2. 三位数除以一位数（被除数中有0）（1）。

3. 三位数除以一位数（被除数中有0）（2）。

4. 三位数除以一位数（商中有0）。

5. 三位数除以一位数（除法验算）。

苏泽萍：三位数除以一位数

苏泽萍简介：2014年参加工作，现为深圳市龙岗区平湖信德学校的数学教师。在教学上认真负责，积极参加多项活动，曾获得龙岗区微课程比赛一等奖等多项奖项。

点评：用微课简明扼要梳理主要知识点，并分类整理，学生可有选择性地观看。微课制作语言清晰、简明，符合学生的年龄特点，比较容易为学生接受，也能让学生在课下及时复习巩固。每一节都有对应的小练习，可以让学生及时检测自己是否已经掌握。

生活中的大数

◆◆ 小学数学学科系列 ◆◆

肖 露

本微课的内容选自北师大版小学《数学》教材。

数字在生活中无处不在，小学二年级的学生不仅要学会简单数字的读、写、比较以及计算，还需要学会大数的读、写、比较及计算，这样能帮助学生更好地学习数学。

请关注"生活中的大数"，让学生更好地掌握生活中大数的读写计算！

1. 万以内数的读法。

2. 万以内数的写法。

3. 万以内数的大小比较。

4. 三位数笔算加法。

5. 三位数笔算减法。

肖露：生活中的大数

肖露简介：自2015年从湖南师范大学数学专业毕业后，先后担任深圳大学师范学院附属坂田学校的小学数学教师、初中数学教师。在坂田街道模拟课比赛中获得一等奖，在学校举行的"首届青年教师教学素养大赛"中获得一等奖。

点评：我们在生活中经常会遇到很多大数，有很多比百大的数。认识新的计数单位，知道如何读大数、如何写大数、怎么进行大数之间的比较、如何计算大数，对小学二年级的学生有非常重要的意义。以学生原有的对两位数的读、写、比较和计算的认识为基础，可以更好地帮助学生认识和掌握生活中的大数。

除法的意义

◆◆ **小学数学重难点系列** ◆◆

陈萍如

本微课的内容选自北师大版小学《数学》教材。

二年级学生初步接触除法，这个时候帮助学生弄清除法的概念和定义、明白除法的用法就显得尤为重要。更加重要的是，学生们如何利用除法知识解决现实问题呢？

请关注"除法的意义"，帮助您更好地认识除法。

1. 除法的定义。

2. 有余数除法。

3. 除法的竖式计算。

4. 进一法。

5. 去尾法。

陈萍如：除法的意义

陈萍如简介：华南师范大学毕业，现任深圳市龙岗区东兴外国语学校年级组长、数学教师。2017年加入苏文名师工作室，曾获龙岗区信息大奖赛一等奖。

点评：除法从哪里来？为什么要学习除法？学生在接触除法时，脑海中总会浮现这样那样的问题。微课内容精简，重难点突出，正是学习数学概念的好工具。

绘制统计图

◆ 小学数学学科系列 ◆

唐黄少玲

本微课的内容选自北师大版小学《数学》教材。

小学中的统计内容看似简单，真正掌握却不容易，特别是各类统计图的绘制。"绘制统计图"系列微课帮您轻松学习各类统计图的绘制技巧，赶紧扫码关注吧！

1. 绘制单式条形统计图。

2. 绘制单式折线统计图。

3. 绘制复式条形统计图。

4. 绘制复式折线统计图。

5. 绘制扇形统计图。

唐黄少玲简介：2013年参加工作，现为龙岗区安良小学数学教师，多次承担街道示范课、区微课培训、讲座，是街道小学数学中心组成员、龙岗区教坛新秀，其微课作品多次在区、市获奖。

唐黄少玲：绘制统计图

点评：从简到繁，化难为简。微课包括各类统计图的绘制技巧、对比讲解，以学习绘制统计图技巧为明线，以唤醒经验铺垫新知为暗线，一明一暗，抓准新知的生长点，为实现新旧知识的同化打下基础，激活学生已知，注重学生的自主迁移。

数学解决问题

◆◆ **小学数学学科系列** ◆◆

耿 琳

本微课的内容选自北师大版小学《数学》教材。

问题是教学的出发点，也是思维的起点，更是数学的"心脏"。数学来源于生活，让学生从生活中的问题出发，去思考、去探索、去寻找解决问题最有效的方法，学生才会有创新和发展。

让我们从数学问题出发，一起成长吧！

1. 算式谜问题。

2. 归一问题。

3. 上楼梯问题。

4. 组合图形的面积问题。

5. 循环问题。

耿琳：数学解决问题

耿琳简介： 在全国教师教育教学信息化交流活动中荣获三等奖，在广东省计算机教学软件评审活动中荣获二等奖，获深圳市录像课、公开课一等奖。多次承担市、区公开课。是深圳市创客实践室负责人，龙岗区信息中心组成员，所辅导的学生在国家、省、市、区级比赛中多次获奖。

点评： 问题是数学的心脏，方法是数学的行为，思想是数学的灵魂。数学思想方法是数学知识的精髓，又是知识转化为能力的桥梁。

数学来源于生活，也必须扎根于生活，并要应用于生活。教师要让学生切实感受到生活中处处有数学，引导学生把数学课堂中所学的知识和方法应用于生活实际之中。将数学问题与生活情境相结合，让数学生活化，生活数学化。

正面管教

◆ 班主任管理系列 ◆

叶凯锐

本微课选自教育学博士Jane Nelsen创立的"正面管教"中的内容。

正面管教是一种既不惩罚也不娇纵的管教孩子的方法，孩子只有在一种和善而坚定的气氛中，才能培养出自律、责任感、合作以及解决问题的能力，才能学会使他们受益终身的社交技能和生活技能。

请关注"正面管教"，将带给您全新的感受。

1. 新的学习风气。

2. 解决问题。

3. 说明三个信念。

4. 说明四项技能。

5. 日程管理。

叶凯锐：正面管教

叶凯锐简介： 2017年参加工作，现为龙岗区贤义外国语学校数学教师，是龙岗区名师工作室学员。

点评： "正面管教"是双赢，用相互尊重的方式，用鼓励的方法，帮助孩子建立价值感和归属感，帮助孩子从错误中学习，顺应孩子的天性，可以发展出使他们受益终身的品格和生活技能。用尊重彼此的方式，给予恰当的引导，可以帮助孩子学会用正向积极的方法去获得归属感和价值感。

圆柱圆锥的整理与复习

◆◆ 小学数学学科系列 ◆◆

刘才泗

本微课的内容选自北师大版小学《数学》教材。

圆柱与圆锥是小学立体几何图形知识板块中一个重要组成部分，涉及圆柱圆锥的特征、表面积和体积的计算这些基本知识，其中蕴含的等积变换的规律性问题涵盖多种数学思想方法，学生学习起来存在一定的挑战性。本微课可以提高学生探索未知领域的兴趣和能力。

请关注"圆柱圆锥的整理与复习"，将带给您不一样的体验！

1. 圆柱圆锥整理与复习（1）。

2. 圆柱圆锥整理与复习（2）。

3. 圆柱圆锥整理与复习（3）。

4. 圆柱圆锥整理与复习（4）。

5. 圆柱圆锥整理与复习（5）。

刘才泗：圆柱圆锥
的整理与复习

刘才泗简介：1999年参加工作，现为中学一级教师，曾6次被评为龙岗区、街道优秀班主任和优秀中队辅导员。2014年5月，带领的中队荣获"深圳市先进中队"称号。2008年11月撰写的《关于如何提高数学教学质量的几点想法》获得全国学习科学学会的二等奖。2013年6月撰写的德育论文《班主任工作中的二八定律》荣获龙岗区一等奖；2014年7月撰写的《换种方式或许能编织一道彩虹》班主任案例成功编入《教坛撷英》教育故事选编一书。

点评：本系列关注圆柱圆锥这个单元的重点知识、重点规律和重要的数学思想方法，取材精确，很有代表性，掐准了教学的难点，是深挖教材的结果。讲解过程尊重学生的认知规律，直观细致，让人容易理解和掌握，能很好地培养和提高学生的思维能力和解决未知问题的能力。

小学数学常识

◆◆ 小学数学学科系列 ◆◆

吕丹丹

本微课的内容选自北师大版小学《数学》教材。

小学生对抽象的数学概念缺乏足够的认识，在一定程度上降低了数学的学习效率。通过微课程的学习，学生可以更加直观地感知数学中常识和文化，培养学生完整的数学思维。

请关注"小学数学常识"，将带给您全新的感受！

1. 认识算筹。

2. 认识加号、减号、等于号。

3. 认识大于号、小于号、等于号。

4. 认识钟面。

5. 九宫格的由来。

吕丹丹：小学数学常识

吕丹丹简介： 2015年参加工作，现为龙岗区横岗聚英小学数学科组长、苏文名师工作室学员。曾承担龙岗区进修学校继续教育"手机微课程开发与应用版权"培训工作。

点评： 数学作为自然科学的一种，也有其文化背景与文化价值。把数学文化以微课程形式呈现，让学生接受数学启蒙，扎实数学基础，培养学生对数学文化的认识，对学生全面认识数学、找到学习数学的有效方法具有重要的意义。

行程问题

◆ 小学数学学科系列 ◆

郑娟娜

本微课的内容选自北师大版小学《数学》教材。

行程问题是研究物体速度、时间、路程三者之间的关系。行程问题是非常贴近学生生活实际的一类应用题，因此将微课应用于行程问题教学，可以提高学生的数学问题解决能力。

请关注"行程问题"，体验微课，走近小学数学课堂！

1. 行程问题——求速度。

2. 行程问题——求时间。

3. 行程问题——求路程。

4. 行程问题——知三求一。

5. 行程问题——火车过桥问题。

郑娟娜：行程问题

郑娟娜简介：2015年参加工作，现任深圳市龙岗区平湖街道中心小学数学科组长，同时是苏文名师工作室的学员，曾获龙岗区微课大赛一等奖、论文比赛二等奖、模拟上课二等奖、命题比赛三等奖、街道教师基本功比赛一等奖等。

点评：在微课越来越流行的当下，创造性地将微课应用在小学数学行程问题中，以视频教学为主要呈现方式，将抽象问题具体化，可以让学生更加直观地观察学习，有助于学生理解和分析，培养学生模型思想，提高学生学习数学的兴趣。化繁为简、化难为易，让学生真正在理解的基础上分析行程问题，攻破这一难点。本微课知识是教材讲解行程问题中的一小部分，希望微课能真正走进课堂，帮助学生解决抽象的问题。

巧解鸡兔同笼

◆ 小学数学学科系列 ◆

陈纯子

本微课的内容选自北师大版小学《数学》教材。

"鸡兔同笼"问题记载于《孙子算经》中，是小学奥数的常见题型。

想要了解"鸡兔同笼"多种多样的有趣解法吗？请关注微课"巧解鸡兔同笼"！

1. 假设法巧解鸡兔同笼。

2. 抬脚法巧解鸡兔同笼（1）。

3. 抬脚法巧解鸡兔同笼（2）。

4. 耍酷法巧解鸡兔同笼。

5. 方程法巧解鸡兔同笼。

陈纯子：巧解鸡兔同笼

陈纯子简介：现为深圳市龙岗区贤义外国语学校小学数学教师，年级级长，名工作室学员；参加工作以来多次承担学校公开课；并在区级、市级微课比赛荣获奖项。

点评："鸡兔同笼"是我国古代著名典型趣题之一，记载于《孙子算经》当中；鸡兔同笼系列微课，不仅有利于学生感受我国传统的数学文化知识；同时，也能使学生掌握多样化的数学解题思路，提升学生研究问题的科学素养。

认识分数易错题

◆ 小学数学学科系列 ◆

黄燕婷

本微课的内容选自北师大版小学《数学》教材。

分数学习比较抽象，本系列微课共有5个微课，旨在解决分数意义题目中的学生易错题。

关注"认识分数易错题"，将带给您全新的感受，千万不要错过!

1. 分数易错题（1）——他们喝得一样多吗?

2. 分数易错题（2）——涂色部分正确吗?

3. 分数易错题（3）——绳子对折问题。

4. 分数易错题（4）——理解二分之一。

5. 分数易错题（5）——几块与几分之几的区别。

黄燕婷：**认识分数易错题**

黄燕婷简介：2009年参加工作，名师工作室学员。多次参加街道、区级、市级教师基本功比赛获优异成绩。

点评：微课形式新颖、灵活生动，深受师生喜爱，并得以广泛应用。作为一种新的教学方式，微课是对传统教学方式的有效补充，将其在小学数学教学中的应用契合小学生的学习特点，也丰富了数学课程的表现形式，为教学注入了新的活力。教师应加强对微课应用的研究与探讨，总结经验，推陈出新，不断提高小学数学教学的质量和效率。

数学课前预习

◆◆ 小学数学学科系列 ◆◆

王雅静

本微课的内容选自北师大版小学《数学》教材。

课前预习一直是大家学习好数学这一学科的重要步骤，想更好地预习的话，请关注以下微课，将给您带来不一样的感受！

1. 四年级上册："买文具"。

2. 四年级上册："参观花圃"。

3. 四年级上册："秋游"。

4. 四年级上册："商不变的规律"。

5. 四年级上册："路程、时间与速度"。

王雅静简介：现就职于华南师范大学附属龙岗区雅宝小学，担任一年级的数学教学工作并担任班主任。

王雅静：数学课前预习

点评：微课生动形象，让孩子们有一种看动画片的感觉，更能激发孩子们学习这部分重点知识的兴趣。五个微课可以一起看，能更加有助于理解"商"的含义。

巧算两位数相乘

◆◆ 小学数学学科系列 ◆◆

陈浩锐

本微课的内容选自北师大版小学《数学》教材。

一般情况下，我们习惯用竖式的方法来计算两位数相乘，但是有些两位数相乘是存在一定规律的，因而可以把列竖式转化为口算，这样可以大大提高计算速度，节省时间。

请关注"巧算两位数相乘"，将带给您全新的感受！

1. 20以内的两位数相乘。

2. 个位是1的两位数相乘。

3. 首位相同，两尾数和等于10的两位数相乘。

4. 首位相同，两尾数和不等于10的两位数相乘。

5. 十位相同，个位不同的两位数相乘。

陈浩锐：巧算两位数相乘

陈浩锐简介：2011年参加工作，现任龙岗区坪地街道中心小学数学科组长，曾承担龙岗区龙岗片区民办教师培训示范课授课任务，2016年被评为龙岗区第五批教坛新秀。

点评：本系列微课程需要学生在熟练掌握九九乘法口诀和基本的两位数乘以两位数基础上进行学习。本课程将任意两位数相乘根据一定的规律分类，大大提高了学生对两位数相乘的计算速度，而且计算方法容易记住。另外还可以启发学生对其他类型计算进行探索，发现规律，寻找简便的计算方法，有利于发展学生的数学思维。

认识正负数

◆ *小学数学学科系列* ◆

冯 洋

本微课的内容选自北师大版小学《数学》教材。

负数在生活中无处不在。本微课通过创设去旅游的情境，通过有目的的"猜一猜"环节，让学生初步感知温度的高低，学会温度的单位，了解零上温度和零下温度可以用"+"和"−"来表示；学会利用温度计比较温度的高低，知道0摄氏度以及生活中的负数。

请关注"认识正负数"，让孩子更好地掌握生活中的负数！

1. 正负数——初步认识正数和负数。

2. 正负数——零下温度的大小比较。

3. 正负数——学习温度计和0摄氏度。

4. 正负数——生活中的正负数。

5. 正负数——正负数和整数。

冯洋：认识正负数

冯洋简介：深圳市龙岗区文景小学数学教师，教学处负责人，龙岗区骨干教师，龙岗区布吉街道中心组成员，曾荣获深圳市课堂教学比赛一等奖、龙岗区微课比赛一等奖、龙岗区教师基本功比赛一等奖、龙岗区论文比赛一等奖等奖项，曾在国家级、省级刊物多次发表论文。

点评：负数是学生在系统地认识整数、小数的基础上，进一步对数的认识。负数的学习是对数概念的扩充。对于小学生来说，理解负数的意义有一定的难度。本微课结合学生的生活经验，以温度为正、负数的现实模型，通过丰富的现实生活实例，直观地让学生感悟负数。

论证的基本原则

◆◆ 中小学数学学科系列 ◆◆

李雪云

本微课根据《数学那些事儿》整理制作而成。

数学论证（证明），是数学学习过程中最常见的一种形式，经常被使用，但论证有哪些基本原则，我们则知之甚少。

请扫描学习"论证的基本原则"，带你了解数学论证（证明）背后的数学文化。

1. 个案不充分。

2. 越简单越好。

3. 反例的价值。

4. 可以证明否定。

5. 还需要人类吗。

李雪云：论证的基本原则

李雪云简介：现为深圳市龙岗区布吉贤义外国语学校教师，苏文名师工作室学员。

点评：在数学上，论证（证明）是指在一个特定的公理系统中，根据一定的规则或标准，由公理和定理推导出某些命题的过程。本微课介绍了认证的基本原则，引导学生关注数学文化知识，发现数学背后之美。

线与角

◆ **小学数学学科系列** ◆

陈思思

本微课的内容选自北师大版小学《数学》教材。

《线与角》一章，要求学生会画垂线、平行线，会量角、画角。学生在这一章的学习中第一次接触量角器。在教学中，笔者发现这些内容对学生来说是难点，需要多次复习巩固才能完全掌握，因此制作了系列微课供学生自习及复习用。

请关注《线与角》，让孩子更好地掌握知识！

1. 垂线的画法。

2. 平行线的画法。

3. 如何用量角器量角。

4. 如何用量角器画角。

5. 探究：用一副三角板可以画出哪些角？

陈思思：线与角

陈思思简介：硕士研究生，2010年参加工作，现为苏文名师工作室成员，深圳市龙岗区清林小学数学教师、班主任，多次承担区公开课，在说课、模拟上课、命题、微课等教学比赛中获得优异成绩。工作以来，先后荣获深圳市龙岗区教坛新秀，骨干教师，优秀班主任等称号。

点评：北师大版《数学》教材四年级上册《线与角》一章中有很多需要学生动手操作的内容，这些内容也是本章的重难点。作者将这些内容提炼出来制作成微课，先细致有条理地教方法，再选取有一定难度的习题做例题，条理清晰，设计有层次。最后将教材上的习题"用三角板画角"制作成了探究型微课，符合新课标的要求，既考虑不同层次学生的需要，也鼓励学生自主探究。

平面图形的分类与计算

◆◆ 小学数学学科系列 ◆◆

刘璨

本微课的内容选自北师大版小学《数学》教材。

转化思想是数学思想的重要组成部分。在小学数学中，主要表现为数学知识的某一形式向另一形式转变，即化新为旧、化繁为简、化曲为直、化数为形等。

"平面图形的分类与计算"系列微课让您轻松感受解题的灵活性，赶紧扫码关注吧！

1. 角的争吵。

2. 巧解圆的面积。

3. 巧算圆的周长。

4. 小蝌蚪找妈妈。

5. 长方形的周长。

刘璨：平面图形的分类与计算

刘璨简介：2014年参加工作，现为龙岗区花城小学数学教师，龙岗区教坛新秀，坂田街道优秀教师。其微课作品多次在区、市获奖。

点评：转化思想是数学思想的重要组成部分。作者通过微课，化抽象为形象，引发学生的联想，培养学生将新知转化为旧知的能力。在教学过程中用形象的图片和几何模型，引发学生进行思考，从而培养学生思维的灵活性。

两位数乘法的速算技巧

◆◆ **小学数学学科系列** ◆◆

刘文琪

本微课的内容选自北师大版小学《数学》教材。

数学是一门非常注重方法和技巧的学科，在数学学习中也有非常多的简便运算方法。掌握两位数乘法的速算技巧能够帮助学生在短时间内迅速、准确地计算出结果。

请关注"两位数乘法的速算技巧"，将带给您全新的感受！

1. 尾数是1的平方。

2. 11—19的平方。

3. 51—59的平方。

4. 尾数是5的平方。

5. 41—49的平方。

刘文琪：两位数乘法的速算技巧

刘文琪简介：2016年参加工作，任教于深圳市龙岗区南湾丹竹头小学，是龙岗区苏文名师工作室学员。

点评：两位数乘法是小学数学教学的重要内容，教师在教学中经常会教给学生一些便捷的速算技巧。这些速算技巧既有利于拓展学生的思维，提高学生的计算能力，又可以提升学生对数学的学习兴趣，增强学习过程的趣味性，不失为小学数学教学的一种有益补充。

神奇的纸

◆ 小学数学学科系列 ◆

胡润华

"神奇的纸"创意观察实验微课内容来源于教科版小学二年级《科学》上册第二单元第4课。

本节课我设计了6个关于纸的课后亲子实验，通过对纸的改造，让学生体验改造后纸的性能会有神奇的变化，激发学生产生继续改造材料的探究欲望。

关注"神奇的纸"系列小实验，和孩子们一起来探索纸的神奇变化吧！

1.折一折。

2.涂一涂。

3.剪一剪。

4.神奇的力量。

5.会开花的纸。

6.调皮的纸。

胡润华简介：2014年9月参加工作，从事小学科

胡润华：神奇的纸

学和信息技术工作，先后荣获龙岗区微课大赛一等奖、街道优秀教师、龙岗区微A–STEM创意观察实验设计三等奖、寻找中国小创客优秀指导教师和优秀组织者等。

点评：该实验知识点来自小学《科学》二年级的新教材，相对应的教参内容少之又少，而网上关于纸方面的实验比较零散且简单，不适合二年级学生。作者根据学情，对纸的实验进行重新设计，并制作了微课，让学生们课后和父母一起做实验，让学生在科学探究中收获知识，体验乐趣，增长能力，促进学生和父母的沟通和交流。

巧数图形

◆ *小学数学学科系列* ◆

付 颖

本微课的内容选自北师大版小学《数学》教材。

数图形（线段、角、三角形、长方形、正方形）的个数对小学生来说，是个很复杂且容易出错的问题。要又快又准地数出图形的个数，需要具有一定的技巧和方法。本系列微课为学生提供了一种容易掌握的方法，同时也对培养学生思维的有序性和严谨性有所帮助。

请关注"巧数图形"系列微课。

1. 数图形系列之数线段。

2. 数图形系列之数解。

3. 数图形系列之三角形。

4. 数图形系列之长方形。

5. 数图形系列之正方形。

付颖：巧数图形

付颖简介： 龙城小学数学教师，上课幽默风趣，思维严谨。善于激发学生的学习兴趣、启发学生的逻辑思维。

点评： 如何通过思考，一步步找到复杂问题的解决方法？如何发现那些相似却又不同的众多问题之间的联系与区别？如何从简单到复杂，由现象到本质，总结出解决同类问题的共同方法？这些都是学生思维训练中需要面对的问题。"巧数图形"系列微课，为学生提供了一种从简单到复杂、从特殊到一般的思考方法，同时还引导学生从表层寻找解决问题的方法转变为从深层总结问题蕴含的规律，这一点做得非常不错。

习题妙解

◆◆ 小学数学学科系列 ◆◆

李锡坚

本微课的内容选自北师大版小学《数学》教材。

五、六年级数学有些题目用教材传统解法步骤烦琐、出错率高。我经过多年的教学研究，把部分题目的巧妙解法做成微课程，使解数学题变得生动有趣。同学们想学吗？请关注"习题妙解"，将带给您全新的感受！

1. 用比例尺经典题型。

2. 按比分配——画树方法。

3. 巧用短除法约分。

4. 巧解"鸡兔同笼"问题。

5. 巧比大小。

6. 求甲乙两数比。

李锡坚：习题妙解

李锡坚简介： 龙岗区骨干教师、龙岗区教师进修学校微课程兼职培训师，副高级职称。现为深圳市龙岗区宝岗小学办公室副主任。多年来一直致力于微课程培训、开发、应用等方面的研究，开发了三百多集"李老师讲习题"系列微课程。曾获龙岗区青年教师基本功比赛一等奖，区说课比赛一等奖。在各级各类杂志发表文章十余篇。

点评： 小学数学高年级的大部分题目对思维方面的要求较高，需要学生结合之前所学数学知识和生活经验，从题干中提取数学信息，再充分理解并运用一定的解题方法才能解出。而"习题妙解"采用更贴近学生生活实际的例子，根据学生的年龄特征，用通俗易懂的语言、好玩又有趣的方法，激发学生学习积极性，使学生能轻松理解和掌握解题方法。

数学难点系列

◆◆ 小学数学学科系列 ◆◆

魏 芳

本微课的内容选自北师大版小学《数学》教材。

在数学学习中，经常会遇到各种不同的难题，解题需要探索方法，找到解题策略，总结解题经验，从而获得成功的体验，爱上数学，爱上学习。

请关注"数学难点系列"，寻找解题方法。

1. 用方程解决问题。

2. 分数的应用。

3. 分数乘以分数。

4. 正方体棱长。

5. 长方体和正方体特征。

魏芳简介： 2009年参加工作，现为龙岗区同心实验学校五年级数学教师，苏文名师工作室学员，有10年的一线教学经验，对数学教学经验足，多次在试卷命题比赛、说课比赛、微课比赛中获奖。

魏芳：数学难点系列

点评： 在学习中，当我们遇到各式各样的难题时，可能会不知所措，任何事情都是从无序走向有序的。本微课教会学生如何解决困难，鼓励学生独立思考与合作交流，带领学生一起探究未知世界，敲响成功的大门！

秒杀二次函数的图像与性质

◆◆ *初中数学学科系列* ◆◆

徐巍

二次函数是初中阶段最重要的一种数学模型，其图像与性质也是初中数学学科中最难学的一部分内容，很多学生对其望而却步，望而兴叹。

"秒杀二次函数的图像与性质"系列微课充分利用几何画板的动态演示功能，由简入繁、由浅到深，直观呈现了五种二次函数模型的图像与性质以及各种函数模型图像之间的变化规律，浅显易懂，一目了然，敬请关注。

1. $y=ax^2$（$a \neq 0$）的图像与性质。

2. $y=ax^2+c$（$a \neq 0$）的图像与性质。

3. $y=a(x-h)^2$（$a \neq 0$）的图像与性质。

4. $y=a(x-h)^2+k$（$a \neq 0$）的图像与性质。

5. $y=ax^2+bx+c$（$a \neq 0$）的图像与性质。

徐巍：秒杀二次函数
的图像与性质

徐巍简介：2005年参加工作，是深圳市优秀教师，龙岗区优秀班主任，龙岗区首批民办初中数学学科带头人，龙岗区苏文名师工作室核心成员，龙岗区"手机微课程的开发与应用"授权兼职培训师。2017年荣登龙岗教育英才榜，目前已开发的数学学科微课程达500余集，在区教师进修学校和公/民办学校开展培训讲座20余场。

点评：众所周知，二次函数的教学让很多教师倍感焦虑，学生倍感头疼，本系列微课程很好地利用了现代信息技术，动态地诠释了每一种二次函数模型的图像与性质，相信每一个学生有了这些微课程的辅助，一定会站在巨人的肩膀上飞得更高，飞得更远。

乘除法中的比较大小

◆ 小学数学学科系列 ◆

张文艳

本微课的内容选自北师大版小学《数学》教材。

乘除法中的比较大小，看似简单，却处处有陷阱，如何能快速又正确地判断出来呢？我们一起来探索吧！

请关注"乘除法中的比较大小"，看看都有哪些小窍门。

1. 乘除法中的比较大小（被除数相同，除数不同）。

2. 乘除法中的比较大小（巧算法1）。

3. 乘除法中的比较大小（计算法）。

4. 乘除法中的比较大小（估算法）。

5. 乘除法中的比较大小（巧算法2）。

张文艳：乘除法中的比较大小

张文艳简介：2014年参加工作，现为龙岗区平湖信德学校数学教师。

点评：教学相长，在教授学生学习方法的同时，教师不断探究教学方法，同样是一种成长。通过让学生在学习中自主发现并掌握一定的解题技巧，可以发展学生的学习兴趣，培养学生的创新能力，使学生养成自主学习的好习惯。

工作室活动大事记

时间：2011年12月25日
地点：广东省深圳东湖西丽酒店
主题：教坛新秀培训
事件：与微课程创始人李玉平老师相识

时间：2012年4月20日
地点：内蒙古鄂尔多斯市
主题：微课程技术交流
事件：参加李玉平老师组织的鄂尔多斯微课程
　　　技术交流活动

时间：2012年4月25日
地点：内蒙古鄂尔多斯市东胜区教育局市
主题：参观李玉平老师工作室
事件：与李玉平老师探讨微课程的发展并合影留念

时间：2012年6月12日

地点：广东省深圳市龙岗区龙城小学

主题：全国微课程研讨会

事件：苏文老师作为代表在会场上做"三小微课
　　　程的制作"主题发言

时间：2012年7月18日

地点：四川省都江堰市

主题：科研主任信息技术能力培训

事件：组织学员进行课前体验活动，并进行"微
　　　课程的设计"培训

时间：2012年8月13日

地点：天津市北辰区

主题：暑假教师继续教育培训

事件：苏文老师为北辰区教师做"微研究与微课
　　　程"主题讲座，并与教育部基础教育课程教
　　　材发展研究中心曹志祥主任合影留念

时间：2012年9月22日

地点：广东省深圳市龙岗区教师进修学校

主题：微课程核心成员培训

事件：苏文老师为全体核心成员做"学科微课程
　　　的制作与开发"培训

时间：2012年10月30日

地点：广东省潮州市潮阳区

主题：千校扶千校活动

事件：苏文老师为潮阳区全区教师做"学科微课
　　　程"培训

时间：2012年10月31日

地点：广东省汕头市

主题：骨干教师培训

事件：苏文老师为全区教师做微课程专题演讲

时间：2013年5月28日

地点：广东省深圳市龙岗区教师进修学校

主题：微课程核心成员培训

事件：苏文老师在进修学校为核心成员讲"微课
　　　程的欣赏与点评"

时间：2013年7月1日

地点：广东省深圳市大鹏新区南澳街道

主题：龙岗区骨干教师培训

事件：苏文老师与朱允文教授讨论微课程与微视
　　　频在教学中的运用

时间：2013年7月13日

地点：北京市

主题：特色工作室学习培训

事件：苏文老师及微课程主持人与教授讨论交流
　　　并合影

时间：2013年10月29日

地点：广东省深圳市龙岗区龙城小学

主题：苏文微课程特色工作室开班仪式

事件：苏文微课程特色工作室正式成立并举行了

　　　开班仪式，仪式上苏文教师与工作室核心

　　　成员合影

时间：2013年11月27日

地点：广东省惠州市博罗县

主题：数学骨干教师培训

事件：苏文老师为全县教师做"微课程在数学教

　　　学中的运用"演讲

时间：2013年12月3—15日

地点：甘肃省会宁市

主题：培训师（深圳）高级研修班培训

事件：苏文老师为会宁市高级研修班的培训师做

　　　"微课程赏析与点评"演讲

时间：2014年3月16日

地点：广东省深圳市龙岗区清林小学

主题：2012届新教师微课程培训

事件：苏文老师为2012届新教师做微课程培训

时间：2014年7月12日

地点：四川省临水县

主题：四川省临水县教师微课程培训（深圳）

事件：苏文老师为四川省临水县教师做微课程培训

时间：2014年10月20日

地点：广东省深圳市龙岗区兴泰学校

主题：全国微课程培训

事件：苏文老师为全国微课程爱好者做"微课程
　　　制作之PPT技术"培训

时间：2014年12月10日

地点：河南省郑州市

主题：骨干教师研修班

事件：苏文老师为河南省郑州市骨干教师研修班
　　　的教师做微课程培训

时间：2015年4月18日

地点：安徽省合肥市

主题：全国中小学微课程建设与翻转课堂教学实践深度研修

事件：苏文老师为全国微课程爱好者做微课程建设培训

时间：2015年4月25—26日

地点：江苏省南京市

主题：信息技术培训高级研修

事件：苏文老师为南京市信息技术教师做"微课程设计与制作"培训

时间：2015年5月9日

地点：北京市

主题：微课程及翻转课堂培训

事件：苏文老师为北京市教师做"微课程基础"培训

时间：2015年6月14日

地点：广东省梅州市

主题：微课程开发培训

事件：苏文老师为梅州市梅江区小学教师做培训
并颁奖

时间：2015年6月28日

地点：广东省龙门县

主题：小学数学骨干教师培训

事件：苏文老师为龙门县梅江区小学数学骨干教
师做微课程培训

时间：2015年8月6日

地点：湖北省武汉市东湖新技术开发区

主题：微课程制作培训

事件：苏文老师为武汉市东湖新技术开发区中学
教师做微课程制作培训

时间：2015年10月16日

地点：广东省中山市民众镇

主题：教师及管理者专题培训

事件：苏文老师为中山市民众镇教师做微课程培训

时间：2016年7月8日

地点：江西省石城县

主题：微课设计与制作培训

事件：苏文老师为石城县教师做微课程培训

时间：2016年7月22日

地点：广西南宁市邕宁高级中学

主题：南宁市邕宁高级中学骨干教师研修

事件：苏文老师为南宁市邕宁高级中学骨干教师
　　　做微课程培训

时间：2017年3月3日

地点：广东省深圳市龙岗区龙城小学

主题：苏文名师工作室揭牌仪式

事件：苏文名师工作室挂牌，区教育局领导参与
　　　揭牌仪式

时间：2017年3月15日

地点：广东省深圳市龙岗区进修学校

主题：龙岗区手机微课程大赛颁奖暨高级培训

事件：苏文名师工作室核心成员领奖，苏文代
　　　表工作室发言，全网现场直播

时间：2017年5月5日

地点：广东省深圳市龙岗区龙城小学

主题：工作室第二次内训

事件：邀请微课大咖程俊英老师开展"手机微课
程实战运用"培训

时间：2017年6月16日

地点：广东省深圳市龙岗区教师进修学校

主题："手机微课程开发与应用"课程授权会

事件：苏文名师工作室10名成员获雷斌老师"手
机微课程开发与应用"课程授权

时间：2017年8月7日

地点：山东省青岛市

主题：我爱教师中小学骨干教师研究班

事件：苏文名师工作室携手我爱教师网开展"手
机微课程"培训

时间：2017年8月28、29日

地点：广东省深圳市龙岗区

主题：全区继续教育培训周

事件：苏文名师工作室许晓虹、徐魏、李锡坚、
　　　唐黄少玲、曹丹锋、吕丹丹等10名骨干成
　　　员，为全区公/民办学校做"手机微课程"
　　　培训

时间：2017年9月26日

地点：广东省深圳市龙岗区龙城初中

主题：与微课程创始人李玉平老师的亲密接触

事件：苏文名师工作室成员聆听全国知名微课程
　　　创始人李玉平老师讲座

时间：2017年11月17日

地点：广东省深圳市龙岗区龙城小学

主题：苏文名师工作室内训

事件：苏文名师工作室特邀龙岗区小学数学教研
　　　员薛锋老师、龙岗区外国语学校李细林主
　　　任指导工作

时间：2018年5月10日

地点：广东省深圳市龙岗区聚英小学

主题：教学实践中探索微课程之应用

事件：苏文名师工作室在龙岗区聚英小学开展主
题研修活动

时间：2018年8月4日

地点：辽宁省大连市

主题：全国名师工作室联盟合作经验交流会

事件：苏文名师工作室核心成员参加全国名师工
作室联盟合作经验交流会

时间：2018年11月21日

地点：广东省佛山市

主题：佛山市校（园）本培训师"核心技术与主
题修炼"培训

事件：苏文名师工作室为佛山市校（园）本培训
师"核心技术与主题修炼"培训班办"微
课制作与校本研修"主题讲座

时间：2018年12月21日

地点：广西桂林市

主题：桂林市信息技术骨干教师培训

事件：苏文名师工作室为培训教师做"微课程开
　　　发设计及码课码书的制作"培训

时间：2019年3月1日

地点：广东省深圳市盐田区中兴通讯学院

主题：工作室主持人专业能力提升培训

事件：苏文名师工作室参加工作室建设与发展专
　　　题培训